CW00689733

UNITÉ 1. CONTACTS 1. PAGE 8. CASSE`

Un congrès international
A Paris,
dans le palais des expositions du CNIT
situé dans le quartier de la Défense.

L'organisateur : — Mesdames, Messieurs, en tant qu'organisateur du 19e Congrès International des Techniques Nouvelles, je vous souhaite la bienvenue à Paris. Maintenant, je voudrais demander aux différents intervenants de se présenter.
— Je me présente : Nakoto Nakajima.
Je suis japonais.
Je suis ingénieur électronicien.
Je travaille chez Pioneer, nos bureaux sont à Tokyo.
— Je me présente : John Smith.
Je suis anglais.
Je dirige le service après-vente chez I.B.M. à Londres.
— Hans Fischer.
Je suis allemand.
Je suis responsable des études techniques.
Je travaille chez Grundig, à l'usine de Stuttgart.
— Je m'appelle Hélène Dufour.
Je suis française.
Je suis informaticienne.
Je travaille au Musée de la Villette à Paris.
— Mon nom est Jane Thomas.
Je suis américaine, je viens du Texas.
Je travaille chez Hewlett Packard, à Seattle.
Je m'occupe du service commercial.
— Je suis Omar Diop.
Je viens du Sénégal.
Je suis agronome.
Je travaille au ministère de l'Agriculture.
L'organisateur : — Maintenant vous connaissez les noms et fonctions des différents intervenants ; la séance est ouverte.
Voici l'exposé de M. Nakajima.

Répétez :
Je vous souhaite la bienvenue à Paris.
Je suis ingénieur électronicien.
Je suis anglais.
Je m'appelle Hélène Dufour.
Je travaille au Musée de la Villette, à Paris.
Je viens du Texas.
Je m'occupe du service commercial.
Voici l'exposé de M. Nakajima.

An Internati
In Paris
at the CNIT exhibition centre
in the La Défense district.

Convener: Ladies and gentlemen, as the convener of the 19th International Conference on New Technology, I wish to welcome you to Paris. Now, I would like to ask the speakers to introduce themselves.
Let me introduce myself, I'm Nakoto Nakajima.
I'm Japanese.
I'm an electronics engineer.
I work for Pioneer, our offices are in Tokyo.
Let me introduce myself, I'm John Smith.
I'm English.
I'm in charge of the after-sales service for I.B.M. in London.
Hans Fischer.
I'm German.
I'm in charge of technical research.
I work for Grundig at the Stuttgart factory.
My name is Hélène Dufour.
I'm French.
I'm a data processor.
I work at the La Villette museum in Paris.
My name is Jane Thomas.
I'm American, I come from Texas.
I work for Hewlett Packard in Seattle.
I'm in charge of sales.
I'm Omar Diop.
I come from Senegal.
I'm an agronomist.
I work at the Ministry of Agriculture.
Convener: Now you know the names and jobs of the different speakers ; the session is open, and here is Mr. Nakajima's presentation.

Repeat :
I wish to welcome you to Paris.
I'm an electronics engineer.
I'm English.
My name is Hélène Dufour.
I work at the La Villette museum, in Paris.
I come from Texas.
I'm in charge of sales.
Here is Mr. Nakajima's presentation.

UNITÉ 1. PRATIQUE ORALE 1. PAGE 12. CASSETTE 1 - FACE A

Exercice n° 1. *Écoutez:* (France) *A vous:* Je suis français — (Angleterre) Je suis anglais.
(Allemagne) Je suis allemand — (États-Unis) Je suis américain — (Japon) Je suis japonais — (Sénégal) Je suis sénégalais — (Espagne) Je suis espagnol — (Canada) Je suis canadien.

Exercice n° 2. *Écoutez:* (américain) *A vous:* Elle est américaine — (anglais) Elle est anglaise.
(belge) Elle est belge — (italien) Elle est italienne — (allemand) Elle est allemande — (français) Elle est française — (japonais) Elle est japonaise — (espagnol) Elle est espagnole — (canadien) Elle est canadienne.

Exercice n° 3. *Écoutez:* japonais: (je) *A vous:* Je suis japonais — (il) Il est japonais — (elle) Elle est japonaise.
américaine : (je) Je suis américaine — (il) Il est américain — allemand : (elle) Elle est allemande — (je) Je suis allemand — français: (il) Il est français.

Exercice n° 4. *Écoutez:* (je) *A vous:* Je suis ingénieur — (il) Il est ingénieur.
(Françoise) Françoise est ingénieur — (nous) Nous sommes ingénieurs — (vous) Vous êtes ingénieur — (Béatrice et Anne) Béatrice et Anne sont ingénieurs — (tu) Tu es ingénieur — (elle) Elle est ingénieur — (Pierre et Jean) Pierre et Jean sont ingénieurs.

Exercice n° 5. *Écoutez:* (Pierre - informaticien) *A vous:* Pierre est informaticien — (Hélène) Hélène est informaticienne. (Brigitte - directrice) Brigitte est directrice — (Jean-Pierre) Jean-Pierre est directeur — (Philippe - comptable) Philippe est comptable — (Corinne) Corinne est comptable —(Marc - assistant) Marc est assistant — (Béatrice) Béatrice est assistante.

Exercice n° 6. *Écoutez:* (Jacques Blanc) *A vous:* Je m'appelle Jacques Blanc — (ingénieur) Je suis ingénieur — (chez Grundig) Je travaille chez Grundig. (Catherine Clément) Je m'appelle Catherine Clément — (agronome) Je suis agronome — (au ministère) Je travaille au ministère — (Philippe Pouchain) Je m'appelle Philippe Pouchain — (informaticien) Je suis informaticien — (chez Renault) Je travaille chez Renault — (Didier Calamec) Je m'appelle Didier Calamec — (directeur commercial) Je suis directeur commercial — (chez Danone) Je travaille chez Danone.

UNITÉ 1. JEUX 1. PAGES 14-15. CASSETTE 1 - FACE A

Écoutez: **« J'ai rendez-vous avec vous »**
 chanté par Georges Brassens.
Mon Seigneur l'astre solaire,
Comme je ne l'admire pas beaucoup,
M'enlève son feu, oui mais de son feu, moi je m'en fous
J'ai rendez-vous avec vous.
La lumière que je préfère
C'est celle de vos yeux jaloux,
Tout le restant m'indiffère,
J'ai rendez-vous avec vous.

Monsieur mon propriétaire
Comme je lui dévaste tout,
Me chasse de son toit, oui mais de son toit, moi je m'en fous
J'ai rendez-vous avec vous.
La demeure que je préfère
C'est votre robe à froufrous,
Tout le restant m'indiffère,
J'ai rendez-vous avec vous.

Madame ma gargotière
Comme je lui dois trop de sous
Me chasse de sa table, oui mais de sa table, moi je m'en fous
J'ai rendez-vous avec vous.
Le menu que je préfère
C'est la chair de votre cou
Tout le restant m'indiffère,
J'ai rendez-vous avec vous.

Sa majesté financière
Comme je ne fais rien à son goût,
Garde son or, or de son or, moi je m'en fous
J'ai rendez-vous avec vous.
La fortune que je préfère
C'est votre cœur d'amadou
Tout le restant m'indiffère,
J'ai rendez-vous avec vous.

Listen: **« I have a rendez-vous with you »**
 song by Georges Brassens.
My Lord, the solar star,
As I don't admire him enough,
Has taken his fire away from me,
Yes, but I don't care about his heat,
I have a rendez-vous with you.
The light that I love best
Comes from your jealous eyes,
All the rest leaves me cold,
I have a rendez-vous with you.

Monsieur, my landlord,
As I ransacked everything,
Drove me from under his roof,
Yes, but I don't care about his dwelling,
I have a rendez-vous with you.
The home that I love best
Is your swhishing dress,
I'm unmoved by all the rest,
I have a rendez-vous with you.

Madame, who sells her seedy snacks,
As I owe her too much money,
Has driven me away from her table,
Yes, but I don't care about her table,
I have a rendez-vous with you.
The dish that I love best
Is your neck's tender flesh,
The rest doesn't whet my appetite,
I have a rendez-vous with you.

The high and mighty financier,
As I do nothing to please him,
Keeps his gold to himself,
Yes, but I don't care about his gold,
I have a rendez-vous with you.
The fortune that I want to keep
Is the coals of your heart that can light like a flame,
All the rest leaves me cold,
I have rendez-vous with you.

Solutions: **Jeu n° 1** : 5 - 6 - 2 - 1 - 4 - 3.
Solutions: **Jeu n° 2** : 6 - 1 - 4 - 5 - 3 - 2.

A l'hôtel
**A Paris, à la réception
de l'hôtel Méridien,
dans le 17ᵉ arrondissement,
près de la place de l'Étoile.**

At the hotel
**In Paris at the reception desk
of the Meridien Hotel,
in the 17th arrondissement,
near the Place de l'Etoile.**

Le réceptionniste : Bonsoir, Madame.
La cliente : Bonsoir, Monsieur. J'ai réservé une chambre pour deux nuits. Je suis de la société Sony.
Le réceptionniste : Très bien, Madame. Votre nom, s'il vous plaît ?
La cliente : Otsuka.
Le réceptionniste : Un instant, s'il vous plaît. Otsuka... Otsuka ?... Je suis désolé, Madame. Je n'ai pas ce nom.
La cliente : Comment ? Mais c'est impossible ! Ma secrétaire a réservé.

Le réceptionniste : Otsuka ?... Vous pouvez épeler, s'il vous plaît ?
La cliente : O-T-S-U-K-A. Akiko Otsuka !
Le réceptionniste : Non, je n'ai pas de chambre au nom de Otsuka. Mais... excusez-moi, quel est votre prénom ?
La cliente : Akiko.
Le réceptionniste : Ah, je comprends ! Otsuka est votre nom de famille et Akiko votre prénom !
La cliente : Exactement.
Le réceptionniste : Sur le registre vous êtes inscrite à Akiko. Vous avez bien une réservation pour deux nuits.
La cliente : Ah, bon !
Le réceptionniste : Excusez-moi, Madame. Veuillez remplir cette fiche, s'il vous plaît... Merci, Madame !...
Voilà votre clé. C'est la chambre 430, au quatrième étage.
La cliente : C'est bien la chambre 430 ?
Le réceptionniste : Oui, oui. C'est au quatrième étage et l'ascenseur est au fond du hall, à droite.
La cliente : Merci.
Le réceptionniste : Bonne soirée, Madame !

Receptionist: Good evening, madam.
Hotel guest: Good evening. I reserved a room for two nights. I'm from Sony.
Receptionist: Very good. Your name, please?
Hotel guest: Otsuka.
Receptionist: One moment, please. Otsuka... Otsuka? I'm sorry, madam, your name isn't here.
Hotel guest: What? But that's impossible! My secretary made the reservation.
Receptionist: Otsuka? Could you spell it, please?
Hotel guest: O-T-S-U-K-A. Akiko Otsuka!
Receptionist: No, there's no room in the name of Otsuka. But... excuse me, what is your first name?
Hotel guest: Akiko.
Receptionist: Ah, now I understand. Otsuka is your surname and Akiko is your first name.
Hotel guest: Exactly.
Receptionist: You're in the register as Akiko. You've got a reservation for two nights.
Hotel guest: Good!
Receptionist: I'm sorry about that. Would you fill in this form please... thank you. Here is your key. It's room 430 on the fourth floor.
Hotel guest: Did you say room 430?
Receptionist: Yes, it's on the fourth floor and the lift is at the back of the lobby, on the right.
Hotel guest: Thank you.
Receptionist: Have a nice evening!

Répétez :
Bonsoir, Madame.
Bonsoir, Monsieur.
Je suis de la société Sony.
Mais c'est impossible !
Vous pouvez épeler, s'il vous plaît ?
Excusez-moi, quel est votre prénom ?
Veuillez remplir cette fiche, s'il vous plaît...
Merci.
Bonne soirée, Madame !

Repeat:
Good evening, madam.
Good evening, sir.
I'm from Sony.
But that's impossible!
Could you spell it, please?
Excuse me, what is your first name?
Would you fill in this form, please...
Thank you.
Have a nice evening!

UNITÉ 1. PRATIQUE ORALE 2. PAGE 20. CASSETTE 1 - FACE A

Exercice n° 1 : *Écoutez :* (Churchill) *A vous :* C-H-U-R-C-H-I-LL.
(Jaeger) J-A-E-G-E-R — (Kennedy) K-E-NN-E-D-Y — (Robertson) R-O-B-E-R-T-S-O-N — (O'Reilly) O-'-R-E-I-LL-Y — (Phillips) P-H-I-LL-I-P-S — (Williamson) W-I-LL-I-A-M-S-O-N

Exercice n° 2 : *Écoutez :* (Chambre 15/1er étage) *A vous :* Je suis à la chambre 15, au premier étage.
(Chambre 22/2ème étage) Je suis à la chambre 22, au 2ème étage — (Chambre 36/3ème étage) Je suis à la chambre 36, au 3ème étage — (Chambre 48/4ème étage) Je suis à la chambre 48, au 4ème étage — (Chambre 51/5ème étage) Je suis à la chambre 51, au 5ème étage — (Chambre 69/6ème étage) Je suis à la chambre 69, au 6ème étage — (Chambre 75/7ème étage) Je suis à la chambre 75, au 7ème étage — (Chambre 80/8ème étage) Je suis à la chambre 80, au 8ème étage.

Exercice n° 3 : *Écoutez :* (Je suis Mme Dubois) *A vous :* Pardon, quel est votre nom ? (Je suis française) Pardon, quelle est votre nationalité ?
(Je suis M. Verret) Pardon, quel est votre nom ? — (Je suis belge) Pardon, quelle est votre nationalité ? — (Je suis M. Santos) Pardon, quel est votre nom ? — (Je suis espagnol) Pardon, quelle est votre nationalité ? — (Je suis Mme Barre) Pardon, quel est votre nom ? — (Je suis canadienne) Pardon, quelle est votre nationalité ? — (Je suis Mlle Brown) Pardon, quel est votre nom ? — (Je suis américaine) Pardon, quelle est votre nationalité ?

Exercice n° 4 : *Écoutez:* (je) *A vous:* J'ai la chambre 102 — (elle) Elle a la chambre 102.
(vous) Vous avez la chambre 102 — (il) Il a la chambre 102 — (nous) Nous avons la chambre 102 — (M. et Mme Dévé) M. et Mme Dévé ont la chambre 102 — (tu) Tu as la chambre 102 — (je) J'ai la chambre 102 — (M. et Mme Laubeuf) M. et Mme Laubeuf ont la chambre 102.

Exercice n° 5 : *Écoutez:* (Elle a une chambre) *A vous:* Elle a une chambre ? — (Il est au 4ème étage) Il est au 4ème étage ? (Elle a une réservation) Elle a une réservation ? — (Elle est de la société Sony) Elle est de la société Sony ? — (C'est au fond du hall) C'est au fond du hall ? — (Elle est réceptionniste) Elle est réceptionniste ? — (Il travaille à l'hôtel) Il travaille à l'hôtel ? — (Elle est japonaise) Elle est japonaise ?

Exercice n° 6 : *Écoutez:* (Vous êtes japonais ?) *A vous:* Non, je ne suis pas japonais — (Il est ingénieur ?) Non, il n'est pas ingénieur. (Nous sommes au 8ème étage ?) Non, nous ne sommes pas au 8ème étage — (Vous êtes américain ?) Non, je ne suis pas américain — (Il est à la B.N.P. ?) Non, il n'est pas à la B.N.P. — (Il est directeur ?) Non, il n'est pas directeur — (Vous êtes à Paris ?) Non, je ne suis pas à Paris — (Elle est chez Renault ?) Non, elle n'est pas chez Renault — (Je suis à la chambre 15 ?) Non, vous n'êtes pas à la chambre 15.

UNITÉ 1. JEUX 2. PAGES 22-23. CASSETTE 1 - FACE A

Jeu n° 1. *Écoutez:*
1. Bonjour ! Je m'appelle Suzanne Lemaire. Je vis dans une ferme dans les Pyrénées. J'aime beaucoup les montagnes.
2. Mon nom est Marc Segal. J'habite à Bordeaux, mais je voyage souvent. La semaine prochaine, je dois aller à Lille.
3. Je me présente : Georges Loire. J'ai le nom d'un grand fleuve mais ma famille est de Dunkerque depuis plusieurs générations.

4. Mon nom est Marie Duval. Je suis née dans le nord de la France, mais maintenant j'habite un petit village près de Marseille.

Jeu n° 2 : *Écoutez:*
1. chambre 15 — 2. chambre 212 — 3. chambre 54 — 4. chambre 430 — 5. chambre 28 — 6. chambre 302.

Jeu n° 3 : *Solutions:*
1. américain — 2. japonaise — 3. italien — 4. allemande — 5. français — 6. anglaise — 7. mexicaine — 8. australien — 9. canadienne — 10. espagnole — 11. sénégalais — 12. britannique — 13. belge → international.

Take a break No. 1. *Listen:*
1. Hello! My name is Suzanne Lemaire. I live on a farm in the Pyrénées. I like mountains very much.
2. My name is Marc Segal. I live in Bordeaux, but I often travel. Next week I have to go to Lille.
3. Let me introduce myself - Georges Loire. I have the name of a great river, but my family has been in Dunkerque for several generations.

4. My name is Marie Duval. I was born in the north of France, but now I live in a small village near Marseille.

UNITÉ 1. CONTACTS 3. PAGE 24. CASSETTE 1 - FACE A

Dans un café aux Halles
Un homme et une femme
assis au bar
font connaissance.

Le garçon : Madame ?
Elle : Je voudrais un jus d'orange, s'il vous plaît.
Le garçon : Bien Madame... Et pour vous Monsieur ?
Lui : Un demi et un paquet de Gitanes filtre.
Pardon Madame, est-ce que vous avez du feu ?
Elle : Non, je suis désolée, je ne fume pas.
Lui : Ah, je n'ai pas de chance !
Le garçon : Tenez, Monsieur ! Voilà une boîte d'allumettes.
Lui : Merci beaucoup.
Elle : Excusez-moi, vous habitez à Paris ?
Lui : Non, mais je connais bien Paris. Pourquoi ?
Elle : Je vais au Salon du prêt-à-porter et je ne sais pas exactement où c'est.
Lui : Tiens, vous travaillez dans la mode !
Elle : Oui, je suis journaliste pour un magazine suisse. Et vous, qu'est-ce que vous faites ?
Lui : Je suis responsable des achats pour les magasins de prêt-à-porter au Canada.
Elle : Ah, vous travaillez aussi dans la mode ! Vous êtes canadien ?
Lui : Non, pas du tout. Je travaille au Canada mais je suis français. Et vous, vous êtes suisse ?
Elle : Oui, oui.
Lui : Et vous habitez où ?
Elle : Devinez !
Lui : A Genève ?
Elle : Non. A Lausanne. Et vous ?

In a café at Les Halles
A man and a woman
sitting at the bar
get to know each other.

Waiter: Madam?
She: I'd like an orange juice, please.
Waiter: Very good, madam, and for you, sir?
He: A beer and a packet of Gitanes filters.
Excuse me, have you got a light?
She: No, I'm sorry, I don't smoke.
He: Ah, I'm out of luck!
Waiter: Here you are sir, here's a box of matches.
He: Thank you very much.
She: Excuse me, do you live in Paris?
He: No, but I know Paris well. Why?
She: I'm going to the ready-to-wear trade fair and I don't know where it is exactly.
He: So you work in fashion, then?
She: Yes, I'm a journalist on a Swiss magazine. What do you do?
He: I'm the buyer for some ready-to-wear shops in Canada.
She: Ah, so you work in fashion too! Are you Canadian?
He: No, not at all. I work in Canada, but I'm French. And you, are you Swiss?
She: Yes, I am.
He: Where do you live?
She: Guess!
He: In Geneva!
She: No, in Lausanne. And you?

4

Lui : J'habite Ottawa. Mais je voyage beaucoup.
Elle : Évidemment !
Lui : Vous savez, je vais aussi au Salon. Je peux vous emmener si vous voulez.
Elle : Volontiers.
Lui : Je connais de très bons restaurants à côté du Salon. On pourrait déjeuner ensemble.
Elle : Pourquoi pas ?
Lui : Je m'appelle Frédéric Millau. Tenez, voilà ma carte !
Elle : Moi, je m'appelle Françoise Mungler. Mais je n'ai pas de carte de visite sur moi, je suis désolée.
Lui : Ce n'est pas grave !

He: I live in Ottawa. But I travel a lot.
She: So it seems.
He: You know, I'm going to the trade fair, too. I can take you, if you like.
She: That would be nice!
He: I know some very good restaurants near the trade fair. We could have lunch together.
She: Why not?
He: My name's Frédéric Millau. Here you are, here's my card.
She: My name's Françoise Mungler, but I haven't got a business card on me, I'm afraid.
He: That's all right.

Répétez :
Je voudrais un jus d'orange, s'il vous plaît.
Ah, je n'ai pas de chance !
Excusez-moi, vous habitez Paris ?
Je suis journaliste pour un magazine suisse.
Et vous habitez où ?
J'habite Ottawa.
Je voyage beaucoup.
On pourrait déjeuner ensemble.
Pourquoi pas ?
Je suis désolée.
Ce n'est pas grave !...

Repeat:
I'd like an orange juice, please.
I'm out of luck!
Excuse me, do you live in Paris?
I'm a journalist on a Swiss magazine.
Where do you live?
I live in Ottawa.
I travel a lot.
We could have lunch together.
Why not?
I'm sorry.
That's all right.

UNITÉ 1. PRATIQUE ORALE 3. PAGE 28. CASSETTE 1 - FACES A et B

Exercice n° 1 : *Écoutez :* (vous) *A vous :* Vous travaillez dans la mode — (je) Je travaille dans la mode — (Madame Leblanc) Madame Leblanc travaille dans la mode.
(nous) Nous travaillons dans la mode — (vous) Vous travaillez dans la mode — (je) Je travaille dans la mode — (Chantal et Sophie) Chantal et Sophie travaillent dans la mode — (tu) Tu travailles dans la mode — (nous) Nous travaillons dans la mode — (vous) Vous travaillez dans la mode.

Exercice n° 2 : *Écoutez :* (le Salon) *A vous :* Vous allez au Salon ? — (la réception) Vous allez à la réception ?
(le restaurant) Vous allez au restaurant ? — (l'hôtel) Vous allez à l'hôtel ? — (la banque) Vous allez à la banque ? — (l'usine) Vous allez à l'usine ? — (le bureau) Vous allez au bureau ? — (la chambre 10) Vous allez à la chambre 10 ? — (le café) Vous allez au café ?

Exercice n° 3 : *Écoutez :* (un jus d'orange) *A vous :* Je voudrais un jus d'orange, s'il vous plaît — (un demi) Je voudrais un demi, s'il vous plaît.
(un café) Je voudrais un café, s'il vous plaît — (un paquet de Gitanes) Je voudrais un paquet de Gitanes, s'il vous plaît — (un thé) Je voudrais un thé, s'il vous plaît — (un sandwich) Je voudrais un sandwich, s'il vous plaît — (un crème) Je voudrais un crème, s'il vous plaît — (un verre de vin) Je voudrais un verre de vin, s'il vous plaît — (un jus de fruit) Je voudrais un jus de fruit, s'il vous plaît.

Exercice n° 4 : *Écoutez :* (le Canada) *A vous :* Il habite au Canada — (la France) Il habite en France.
(le Japon) Il habite au Japon — (l'Angleterre) Il habite en Angleterre — (les États-Unis) Il habite aux États-Unis — (l'Allemagne) Il habite en Allemagne — (la Suisse) Il habite en Suisse — (le Sénégal) Il habite au Sénégal.

Exercice n° 5 : *Écoutez :* (Vous avez du feu ?) *A vous :* Est-ce que vous avez du feu ? — (Il est journaliste ?) Est-ce qu'il est journaliste ?
(Elle habite aux États-Unis ?) Est-ce qu'elle habite aux États-Unis ? — (Ils viennent d'Allemagne ?) Est-ce qu'ils viennent d'Allemagne ? — (Vous connaissez Jacques ?) Est-ce que vous connaissez Jacques ? — (Elles vont à l'hôtel ?) Est-ce qu'elles vont à l'hôtel ? — (Vous pouvez épeler ?) Est-ce que vous pouvez épeler ? — (Il dirige la société ?) Est-ce qu'il dirige la société ? — (Vous avez une chambre ?) Est-ce que vous avez une chambre ?

Exercice n° 6 : *Écoutez :* (Vous fumez ?) *A vous :* Non, je ne fume pas — (Vous êtes français ?) Non, je ne suis pas français.
(Vous travaillez à Bordeaux ?) Non, je ne travaille pas à Bordeaux — (Vous allez au Salon ?) Non, je ne vais pas au Salon — (Vous habitez à Bruxelles ?) Non, je n'habite pas à Bruxelles — (Vous savez où c'est ?) Non, je ne sais pas où c'est — (Vous connaissez Londres ?) Non, je ne connais pas Londres — (Vous déjeunez au restaurant ?) Non, je ne déjeune pas au restaurant — (Vous êtes ingénieur ?) Non, je ne suis pas ingénieur.

UNITÉ 1. JEUX 3. PAGES 30-31. CASSETTE 1 - FACE B

Jeu n° 1. *Écoutez :*
1. Deux places pour le western, s'il vous plaît. (au cinéma)
2. Vous avez du feu ? J'aime bien fumer après un bon repas. (au restaurant)
3. La clé de la chambre 224, s'il vous plaît. (à l'hôtel)
4. Garçon, un demi ! (au café)

Take a break No. 1. *Listen:*
1. Two seats for the western, please. (at the cinema)
2. Have you got a light? I enjoy smoking after a good meal. (in a restaurant)
3. The key to room 224, please. (in a hotel)
4. Waiter, a beer! (in a café)

Jeu n° 2. *Solutions.*
architecte — agent de voyage (diagonale de bas en haut) — éditeur (à l'envers, de bas en haut) — médecin — dentiste — publiciste (de droite à gauche).

architect - travel agent - editor - doctor - dentist - advertising man/woman.

Jeu n° 3. *Solutions.*
1. Japanese (man), French (Frenchman), *English (Englishwoman)*, Chinese (man), Algerian (man) — 2. mineral water, freshly squeezed orange juice, freshly squeezed lemon juice, uncarbonated mineral water, *a glass of red wine* — 3. A coffee, tea with milk, tea with lemon, a small white coffee, *a fruit juice* 4. An actor, a journalist, *a tourist*, a photographer, a fashion designer, a plumber — 5. Hello, *please*, hi, good evening, good night.

UNITÉ 1. CONTACTS 4. PAGE 32. CASSETTE 1 - FACE B

La Seine	*On the Seine*
Deux amies se rencontrent	**Two friends meet**
à un « cocktail »	**at a cocktail party**
sur un bateau-mouche.	**on a river cruise.**

Anne : Tiens, Caroline, tu es là ! Quelle bonne surprise ! Comment vas-tu ?

Anne: Hey, Caroline, you're here! What a nice surprise! How are you?

Caroline : Très bien. Et toi ?

Caroline: Very well, and you?

Anne : Ça va, merci.

Anne: I'm all right, thanks.

Caroline : Qu'est-ce que tu fais maintenant ? Tu es toujours dans l'informatique ?

Caroline: What are you doing now? Are you still in computers?

Anne : Oui, toujours.

Anne: Yes, still.

Caroline : Dis-moi, tu connais le jeune homme près du bar ?

Caroline: Tell me, do you know that young man near the bar?

Anne : Bien sûr ! C'est Jean-Pierre.

Anne: Yes, of course. That's Jean-Pierre.

Caroline : Jean-Pierre ? Qui est-ce ?

Caroline: Jean-Pierre? Who's he?

Anne : C'est mon adjoint. Il travaille avec moi depuis six mois.

Anne: He's my assistant. He's been working with me for six months.

Caroline : Tu choisis bien tes collaborateurs ! Il a l'air charmant. Qu'est-ce qu'il fait exactement ?

Caroline: You choose your assistants well! He looks charming. What does he do exactly?

Anne : Il est responsable du service des achats.

Anne: He's the head of the purchasing department.

Caroline : Dis donc ! Mais il est jeune ! Il a quel âge ?

Caroline: Really? But he's young. How old is he?

Anne : Il a trente-sept ans.

Anne: He's thirty-seven.

Caroline : Trente-sept... Il fait plus jeune... Il est marié ?

Caroline: Thirty-seven?... He looks younger. Is he married?

Anne : Non, il est célibataire.

Anne: No, he's single.

Caroline : Mais c'est très intéressant !

Caroline: That's very interesting!

Anne : On peut prendre un verre avec lui, si tu veux.

Anne: We can have a drink with him, if you like.

Caroline : Volontiers... Attends une minute ! Tu as un miroir ?

Caroline: Yes, please. Wait a minute! Have you got a mirror?

. . . .

Anne : Jean-Pierre, je vous présente une de mes amies, Caroline Davout.

Anne: Jean-Pierre, let me introduce a friend of mine, Caroline Davout.

Jean-Pierre : Enchanté !

Jean-Pierre: How do you do?

Anne : Jean-Pierre Legrand, mon adjoint.

Anne: Jean-Pierre Legrand, my assistant.

Caroline : Ravie de faire votre connaissance.

Caroline: Delighted to meet you.

Jean-Pierre : Vous prenez quelque chose ?

Jean-Pierre: Would you like something to drink?

Anne : Je veux bien une coupe de champagne.

Anne: I'd like a glass of champagne.

Jean-Pierre : Et vous, Mademoiselle ?

Jean-Pierre: And you?

Caroline : Je vais prendre un jus de fruit.

Caroline: I'll have a fruit juice.

Jean-Pierre : Tenez !

Jean-Pierre: Here you are.

Anne : Merci.

Anne: Thanks.

Caroline : Merci beaucoup.

Caroline: Thank you very much.

Jean-Pierre : Il fait chaud, ici !

Jean-Pierre: It's hot here.

Caroline : Il y a trop de monde. On peut monter sur le pont !

Caroline: There are too many people. We could go up on deck.

Jean-Pierre : Bonne idée !

Jean-Pierre: Good idea!

Anne : Moi, je vous laisse. Je vais dire bonjour aux Mercier. A tout à l'heure !

Anne: I'll leave you. I'm going to say hallo to the Merciers. See you soon.

Répétez :

Repeat:

Comment vas-tu ?

How are you?

Ça va, merci.

I'm all right, thanks.

C'est Jean-Pierre.

That's Jean-Pierre.

Il travaille avec moi depuis six mois.

He's been working with me for six months.

Il est responsable du service des achats.

He's the head of the purchasing department.

Il est marié ?

Is he married?

Non, il est célibataire.

No, he's single.

Jean-Pierre, je vous présente une de mes amies, Caroline Davout.

Jean-Pierre, let me introduce a friend of mine, Caroline Davout.

Enchanté !

How do you do?

6

Exercice n° 1 : *Écoutez :* (J'ai un collaborateur) *A vous :* Voilà mon collaborateur — (J'ai des collaborateurs) Voilà mes collaborateurs. (Françoise a un collaborateur) Voilà son collaborateur — (Alain et Hervé ont un collaborateur) Voilà leur collaborateur — (Vous avez un collaborateur) Voilà notre collaborateur — (Nous avons des collaborateurs) Voilà nos collaborateurs — (André a des collaborateurs) Voilà ses collaborateurs — (J'ai une collaboratrice) Voilà ma collaboratrice — (Corinne et Martine ont des collaboratrices) Voilà leurs collaboratrices — (Stéphane a une collaboratrice) Voilà sa collaboratrice — (Nous avons une collaboratrice) Voilà notre collaboratrice.

Exercice n° 2 : *Écoutez :* (Elle a 40 ans) *A vous :* Mais non, elle n'a pas 40 ans ! — (Il a 18 ans) Mais non, il n'a pas 18 ans ! — (Ils ont 17 ans) Mais non, ils n'ont pas 17 ans ! — (Elle a 60 ans) Mais non, elle n'a pas 60 ans ! — (Il a 51 ans) Mais non, il n'a pas 51 ans ! — (Ils ont 35 ans) Mais non, ils n'ont pas 35 ans ! — (Elle a 6 ans) Mais non, elle n'a pas 6 ans — (Il a 92 ans) Mais non, il n'a pas 92 ans.

Exercice n° 3 : *Écoutez :* (Patrick) *A vous :* C'est Patrick — (informaticien) Il est informaticien — (35 ans) Il a 35 ans. (Jeanne) C'est Jeanne — (secrétaire) Elle est secrétaire — (42 ans) Elle a 42 ans — (Mr. et Mme Delage) Ce sont M. et Mme Delage — (50 ans) Ils ont 50 ans — (comptables) Ils sont comptables — (Christian) C'est Christian — (45 ans) Il a 45 ans — (directeur) Il est directeur.

Exercice n° 4 : *Écoutez :* (C'est Mme Lefort) *A vous :* Qui est-ce ? — (Elle est journaliste) — Qu'est-ce qu'elle fait ? — (Elle a 46 ans) Elle a quel âge ? (Il est ingénieur) Qu'est-ce qu'il fait ? — (Il a 37 ans) Il a quel âge ? — (C'est M. Youcef) Qui est-ce ? — (C'est Mlle Li-Wang) Qui est-ce ? — (Elle est secrétaire) Qu'est-ce qu'elle fait ? — (Elle a 22 ans) Elle a quel âge ? — (Il est réceptionniste) Qu'est-ce qu'il fait ? — (Il a 58 ans) Il a quel âge ?

Exercice n° 5 : *Écoutez :* (Vous) (prendre) *A vous :* Vous prenez une coupe de champagne — (Jérôme) (vouloir) Jérôme veut une coupe de champagne. (Caroline et Anne) (prendre) Caroline et Anne prennent une coupe de champagne — (Nous) (vouloir) Nous voulons une coupe de champagne — (Vous) (vouloir) Vous voulez une coupe de champagne — (Je) (prendre) Je prends une coupe de champagne — (Tu) (vouloir) Tu veux une coupe de champagne — (Agnès) (prendre) Agnès prend une coupe de champagne — (Aude et Jean) (vouloir) Aude et Jean veulent une coupe de champagne.

Exercice n° 6 : *Écoutez :* (Jean-Pierre, français, 38 ans, Belgique) *A vous :* Je m'appelle Jean-Pierre, je suis français, j'ai 38 ans et je travaille en Belgique. (Marcel, suisse, 25 ans, Luxembourg) Je m'appelle Marcel, je suis suisse, j'ai 25 ans et je travaille au Luxembourg — (Bernadette, française, 48 ans, Sénégal) Je m'appelle Bernadette, je suis française, j'ai 48 ans et je travaille au Sénégal — (Annick, belge, 19 ans, France) Je m'appelle Annick, je suis belge, j'ai 19 ans et je travaille en France — (Omar Diop, sénégalais, 32 ans, Allemagne) Je m'appelle Omar Diop, je suis sénégalais, j'ai 32 ans et je travaille en Allemagne — (Patricia, canadienne, 41 ans, Italie) Je m'appelle Patricia, je suis canadienne, j'ai 41 ans et je travaille en Italie.

UNITÉ 1. JEUX 4. PAGES 38-39. CASSETTE 1 - FACE B

Jeu n° 1. *Écoutez :*
1. Je m'appelle Marie-Noëlle Bonneville. Je suis secrétaire. Je travaille dans un bureau.
2. Je m'appelle Mary O'Connell. Je suis irlandaise mais je travaille à Londres. Je suis chanteuse dans un groupe de rock.
3. Mon nom est Bozo. Je suis clown. Je travaille dans un cirque.
4. Je m'appelle Yami Suji. Je suis japonaise. Je travaille à Tokyo comme présentatrice à la télévision.

Take a break No. 1. *Listen :*
1. My name is Marie-Noelle Bonneville. I'm a secretary. I work in an office.
2. My name is Mary O'Connell. I'm Irish but I work in London. I'm a singer in a rock group.
3. My name is Bozo. I'm a clown. I work in a circus.
4. My name is Yami Suji. I'm Japanese. I work in Tokyo as a television announcer.

Jeu n° 2. *Solutions.*
1. My name is Marcel Marcellin. I usually work in a cafe near l'Etoile. I hope to be first at the finish. « Grande course de garçons de café ». — 2. My name is Ling Huang. I'm of Chinese origin. I work at Lagerfeld. This year the trend is international: South American skirts with oriental blouses... It's very attractive! « Nouvelle collection d'été : super ». — 3. It's an important day for me and for the whole team. We've been working for six months. There are Germans, Englishmen, Frenchmen... My name is Patrick Ducos. I'm a computer technician and I look after in-flight control computers. « Ariane : lancement réussi ». — 4. Let me introduce myself: Rafaela Anconina. I'm of Italian origin. I'm an actress. It's the first time I've come here. It's very nice, but there are too many people. « 40e Festival de Cannes ».

Recherche d'emploi
**Réponse
à une offre d'emploi**

Paris, le 1er juin 1987
Monsieur le Directeur,
Suite à l'annonce parue dans l'Express du mercredi 28 mai, je vous soumets ma candidature au poste de responsable commercial.

Vous trouverez ci-joint mon curriculum vitae. Je pense qu'il retiendra votre attention.
Je me tiens, bien sûr, à votre entière disposition pour un entretien.
Dans l'attente d'un prochain contact, je vous prie de croire, Monsieur le Directeur, à l'expression de mes sentiments distingués.
Patrick PINAUD

CURRICULUM VITAE
Nom : PINAUD
Prénom : Patrick
Date de naissance : 14 avril 1955 à Clermont-Ferrand (63)

Situation de famille : marié, 2 enfants
Nationalité : française
Adresse : 79, rue de Sèvres, 75007 PARIS
Téléphone : 42.61.75.70
FORMATION
1973 : Baccalauréat, série C, lycée Charlemagne, Paris.

1973-1975 : Classe préparatoire des écoles de commerce.
1975-1978 : École Supérieure de Commerce de Reims.
Juin 1978 : Diplôme de l'École Supérieure de Reims.
EXPÉRIENCE PROFESSIONNELLE
1977 : Stage à l'usine PUK de St-Jean de l'Isère (service des achats).

1978 : Stagiaire au service Prêts internationaux de la B.N.P. à Paris.

1978-1979 : Coopérant au service économique de l'Ambassade de France à Séoul (Corée du Sud) dans le cadre du service national.
Octobre 1979-Juillet 1981 : Chargé de Mission au service financier de l'Oréal.
Depuis Août 1981 : Attaché à la direction générale de l'Oréal, responsable des filiales étrangères.
LANGUES ÉTRANGÈRES
Anglais courant (lu, parlé et écrit).
Allemand parlé.

Job searching
**Answering
a job advertisement**

*Dear Sir,
In response to your advertisement in L'Express of Wednesday, 28th May, I am submitting an application for the position of sales manager.
I enclose a curriculum vitae, which I hope will be of interest to you.
I will naturally be available for an interview.
I look forward to hearing from you.
Yours faithfully,*

CURRICULUM VITAE
*Surname: Pinaud
First Name: Patrick
Date and Place of Birth: 14th April, 1955 in Clermont-Ferrand (63)
Marital Status: Married with two children
Nationality : French
Address: 79 rue de Sèvres, 75007 PARIS*

EDUCATION
1973: Baccalauréat (Maths and Science), Lycée Charlemagne, Paris.

1973-75: Preparatory courses for business schools.
1975-78: Reims School of Business.
June 1978: Degree in Business Studies.
PROFESSIONAL EXPERIENCE:
1977: Job training at the PUK factory, St. Jean de l'Isère (purchasing department).
1978: Job trainee in the International Loans Department of B.N.P., Paris.
1978-79: Non-military national service in the Trade Department of the French Embassy in Seoul, South Korea.
Oct. 1979-July 1981: Project manager in the financial department, l'Oréal.
Since August 1981: Managerial assistant, l'Oréal, in charge of foreign subsidiaries.
FOREIGN LANGUAGES
Fluent English (reading, speaking and writing).
German (spoken).

Exercice n° 1 : *Écoutez:* (79, rue de Sèvres) *A vous:* J'habite 79, rue de Sèvres — (Paris) J'habite à Paris — (7e) J'habite dans le 7e. (Marseille) J'habite à Marseille — (30, bd St-Germain) J'habite 30, bd St-Germain — (6e) J'habite dans le 6e — (Bordeaux) J'habite à Bordeaux — (12, avenue Leclerc) J'habite 12, avenue Leclerc — (Lyon) J'habite à Lyon — (3e) J'habite dans le 3e.

Exercice n° 2 : *Écoutez:* (Elle-17 décembre) *A vous:* Elle est née le 17 décembre — (Elle-1962) Elle est née en 1962. (Vincent-janvier) Vincent est né en janvier — (Vous-29 février) Vous êtes né le 29 février — (Pierre et Étienne-1946) Pierre et Étienne sont nés en 1946 — (Tu-15 octobre) Tu es né le 15 octobre — (Nous-août) Nous sommes nés en août — (Je-1971) Je suis né en 1971.

Exercice n° 3 : *Écoutez:* (Vous êtes marié ?) *A vous:* Non, je ne suis pas marié — (Elle va à l'hôtel ?) Non, elle ne va pas à l'hôtel. (Vous habitez à Lyon ?) Non, je n'habite pas à Lyon — (Il travaille chez Michelin ?) Non, il ne travaille pas chez Michelin — (Vous parlez espagnol ?) Non, je ne parle pas espagnol — (Elle choisit ses collaborateurs ?) Non, elle ne choisit pas ses collaborateurs — (Il comprend l'allemand ?) Non, il ne comprend pas l'allemand — (Vous connaissez mon adjoint ?) Non, je ne connais pas votre adjoint.

Exercice n° 4 : *Écoutez:* (Pinaud Patrick) *A vous:* Il s'appelle Patrick Pinaud — (nationalité française) Il est français — (adresse : 79, rue de Sèvres) Il habite 79, rue de Sèvres — (langues parlées : anglais, allemand) Il parle anglais et allemand. (Santos Maria) Elle s'appelle Maria Santos — (nationalité espagnole) Elle est espagnole — (adresse : 5, rue de la Banque) Elle habite 5 rue de la Banque — (langues parlées : anglais, français) Elle parle anglais et français — (Müller Hans) Il s'appelle Hans Müller — (nationalité allemande) Il est allemand — (adresse : 3, Berliner Strasse) Il habite 3, Berliner Strasse — (langues parlées : anglais, russe) Il parle anglais et russe.

Exercice n° 5 : *Écoutez :* (Jean, 25 ans, marié, 2 enfants) *A vous :* Jean a 25 ans. Il est marié et il a 2 enfants.
(Chantal, 38 ans, divorcée, 1 enfant) Chantal a 38 ans. Elle est divorcée et elle a 1 enfant — (Didier, 40 ans, marié, 4 enfants) Didier a 40 ans. Il est marié et il a 4 enfants.

Exercice n° 6 : *Écoutez :* (je) (remplir) *A vous :* Je remplis une carte — (vous) (choisir) Vous choisissez une carte.
(François) (choisir) François choisit une carte — (nous) (remplir) Nous remplissons une carte — (Charles et Sylvie) (choisir) Charles et Sylvie choisissent une carte — (tu) (remplir) Tu remplis une carte — (vous) (remplir) Vous remplissez une carte — (je) (choisir) Je choisis une carte.

UNITÉ 1. JEUX 5. PAGES 46-47. CASSETTE 1 - FACE B

Écoutez : **« Non, je ne regrette rien »**
chanté par Édith Piaf.
Non, rien de rien
Non, je ne regrette rien
Ni le bien qu'on m'a fait
Ni le mal, tout ça m'est bien égal
Non, rien de rien
Non, je ne regrette rien
C'est payé, balayé, oublié
Je me fous du passé
Avec mes souvenirs, j'ai allumé le feu
Mes chagrins, mes plaisirs
Je n'ai plus besoin d'eux
Balayés les amours avec leur trémolo
Balayé pour toujours
Je repars à zéro
Non, rien de rien, non, je ne regrette rien
Ni le bien qu'on m'a fait, ni le mal
Tout ça m'est bien égal
Non, rien de rien, non, je ne regrette rien
Car ma vie, car mes joies
Aujourd'hui
Ça commence avec toi.

Listen : **« Regret Nothing »**
sung by Edith Piaf.
No, nothing, nothing at all
I regret nothing
Not the good that people have done me.
Nor the bad, it all means nothing to me
Nothing
I regret nothing
It's all paid up, swept up, forgotten
The past means nothing to me
I've lit a bonfire of my memories
All my sorrows, all my joys
I have no more need of them
All my loves, all their madness
They're all swept up
I'm back to square one
No, nothing, nothing at all
I regret nothing
Not the good that people have done me
Nor the bad, it all means nothing to me
Because my life, my joy,
Begins here, today
With you.

Deux façons de parler

Bonjour Frédéric, comment allez-vous ? Vous n'avez pas l'air en forme.

En effet, je suis très fatigué. Je travaille énormément.

Vous connaissez l'ami de Mademoiselle Laura ?
Oui. C'est François. Un de mes amis.
Qu'est-ce qu'il fait ?
Pas grand-chose. Il cherche du travail.
Je dois vous quitter. J'ai un rendez-vous et je suis très pressé.
Au revoir.

Street talk - Straight talk

Man I: Good Morning, Frédéric. How are you? You aren't looking very well.
Frédéric: Yes, actually I'm very tired. I'm working very hard/ a lot.
Man 1: Do you know Laura's gentleman friend?
Frédéric: Yes, I do. He's Frédéric, a friend of mine.
Man 1: What does he do?
Frédéric: Not much. He's looking for a job.
Man 1: I must go. I've an appointment and I'm in a hurry.
Frédéric: Good-bye.

UNITÉ 2. CONTACTS 1. PAGE 56. CASSETTE 2 - FACE A

Itinéraires
Monsieur Fortin
doit se rendre au service export
d'une entreprise.

A la station Pasteur
M. Fortin : Je voudrais un ticket, s'il vous plaît.
Employé de la RATP : 1ʳᵉ ou 2ᵉ classe ?
M. Fortin : 1ʳᵉ classe. S'il vous plaît, pour la Porte Maillot, je prends quelle ligne ?
Employé : Vous prenez d'abord la ligne 12, direction Porte de la Chapelle.

M. Fortin : Pardon, quelle direction ?
Employé : Direction Porte de la Chapelle. Vous changez à Concorde, et ensuite vous prenez la ligne 1, direction Pont de Neuilly.
M. Fortin : Merci.
A la sortie du métro Porte Maillot
M. Fortin : Pardon Madame, la rue Belidor s'il vous plaît ?
Une passante : Je ne sais pas, je ne suis pas du quartier.
M. Fortin : Excusez-moi.
. . .
M. Fortin : Madame, s'il vous plaît, est-ce que vous savez où se trouve la rue Belidor ?
Une autre passante : La rue Belidor ? Oui. Vous remontez l'avenue ; au premier feu rouge, tournez à gauche et prenez le boulevard Gouvion Saint-Cyr.
M. Fortin : Excusez-moi, je n'ai pas compris le nom.
La passante : Gouvion Saint-Cyr. Continuez tout droit et vous trouverez la rue Belidor sur votre droite ; c'est la première ou la deuxième.

M. Fortin : Est-ce que c'est loin ?
La passante : Non, c'est à cinq minutes à pied.
M. Fortin : Je vous remercie.
La passante : Je vous en prie.
Dans un immeuble
M. Fortin : Le service étranger, c'est bien ici ?
La gardienne : Ah non, Monsieur, vous vous trompez d'étage ! C'est au deuxième. Qui cherchez-vous ?
M. Fortin : Mme Letellier, du service export.
La gardienne : Mme Letellier ? Elle est au bureau 205 ; c'est à gauche en sortant de l'ascenseur, tout au bout du couloir.
M. Fortin : Merci, Madame.
La gardienne : A votre service.

Répétez :
Je voudrais un ticket, s'il vous plaît.
Pardon, quelle direction ?
Vous prenez la ligne un.
Je ne suis pas du quartier.
Je n'ai pas compris le nom.
Continuez tout droit.
Je vous remercie.
Je vous en prie.
Qui cherchez-vous ?
C'est à gauche en sortant de l'ascenseur.

Directions
Monsieur Fortin
has to visit
the export department of a company.

At Pasteur metro station
M. Fortin: I'd like a ticket, please.
R.A.T.P. clerk: First or second class?
M. Fortin: First class. Which line do I take to get to Porte Maillot, please?
Clerk: First you take line 12 in the direction of Porte de la Chapelle.

M. Fortin: Pardon? Which direction?
Clerk: Porte de la Chapelle. Change at Concorde and then take line 1 in the direction of Pont de Neuilly.
M. Fortin: Thank you.
At the Porte Maillot metro exit
M. Fortin: Excuse me, Madam, the rue Belidor, please.
Passerby: I don't know. I'm not from this area.
M. Fortin: Sorry!
. . .
M. Fortin: Excuse me, Madam, do you know where the rue Belidor is?
Second passerby: The rue Belidor? Yes, go back up the avenue, turn left at the first traffic light and take the boulevard Gouvion Saint-Cyr.
M. Fortin: Sorry, I didn't catch the name.
Second passerby: Gouvion Saint-Cyr. Keep going straight ahead and you'll find rue Belidor on your right. It's the first or second street.
M. Fortin: Is it a long way?
Second passerby: No, it's five minutes on foot.
M. Fortin: Thank you very much.
Second passerby: You're welcome...
In a Building
M. Fortin: This is the export department, isn't it?
Caretaker: No, sir, you're on the wrong floor. It's on the second floor. Who are you looking for?
M. Fortin: Mme. Letellier, in the export department.
Caretaker: Mme. Letellier? She's in room 205. It's on the left as you get out of the lift, at the far end of the corridor.
M. Fortin: Thank you.
Caretaker: Don't mention it.

Repeat:
I'd like a ticket, please.
Pardon, which direction?
Take line one.
I'm not from this area.
I didn't catch the name.
Keep going straight ahead.
Thank you very much.
You're welcome...
Who are you looking for?
It's on the left as you get out of the lift.

UNITÉ 2. PRATIQUE ORALE 1. PAGE 60. CASSETTE 2 - FACE A

Exercice n° 1 : *Écoutez :* (Vous êtes du quartier ?) *A vous :* Non, je ne suis pas du quartier — (Vous changez à Concorde ?) Non, je ne change pas à Concorde.

(Il prend le métro ?) Non, il ne prend pas le métro — (Je continue tout droit ?) Non, vous ne continuez pas tout droit — (Vous comprenez ?) Non, je ne comprends pas — (Elle remonte l'avenue ?) Non, elle ne remonte pas l'avenue — (Ils savent où c'est ?) Non, ils ne savent pas où c'est — (Est-ce que c'est loin ?) Non, ce n'est pas loin.

Exercice n° 2 : *Écoutez:* (Nous tournons à droite ?) *A vous:* Oui, tournez à droite.
(Nous traversons le pont ?) Oui, traversez le pont — (Nous changeons à l'Opéra ?) Oui, changez à l'Opéra — (Nous descendons à Montparnasse ?) Oui, descendez à Montparnasse — (Nous allons par là ?) Oui, allez par là — (Nous prenons la rue du Bac ?) Oui, prenez la rue du Bac — (Nous remontons l'avenue ?) Oui, remontez l'avenue.

Exercice n° 3 : *Écoutez:* (je) *A vous:* Je me trompe d'étage — (nous) Nous nous trompons d'étage.
(tu) Tu te trompes d'étage — (Sophie) Sophie se trompe d'étage — (Yves) Yves se trompe d'étage — (les Mercier) Les Mercier se trompent d'étage — (vous) Vous vous trompez d'étage.

Exercice n° 4 : *Écoutez:* (5 mn, pied) *A vous:* C'est à 5 mn, à pied — (10 mn, métro) C'est à 10 mn, en métro.
(20 mn, voiture) C'est à 20 mn, en voiture — (2 mn, bus) C'est à 2 mn, en bus — (25 mn, taxi) C'est à 25 mn, en taxi — (10 mn, vélo) C'est à 10 mn, à vélo — (5 mn, pied) C'est à 5 mn, à pied — (35 mn, train) C'est à 35 mn, en train.

Exercice n° 5 : *Écoutez:* (Je cherche Mme Letellier) *A vous:* Pardon, qui cherchez-vous ? — (Je m'appelle Girouy) Pardon, comment vous appelez-vous ?
(J'habite à Mulhouse) Pardon, où habitez-vous ? — (Je viens du Canada) Pardon, d'où venez-vous ? — (Je connais Jean-François) Pardon, qui connaissez-vous ? — (J'ai 16 ans) Pardon, quel âge avez-vous ? — (Je suis né au Havre) Pardon, où êtes-vous né ?

Exercice n° 6 : *Écoutez:* (Excusez-moi, Madame, je cherche la rue Bellidor) *A vous:* Pardon, Madame, la rue Bellidor s'il vous plaît ?
(Excusez-moi, Monsieur, je cherche la gare de Lyon) Pardon, Monsieur, la gare de Lyon s'il vous plaît ? — (Excusez-moi, Madame, je cherche l'Opéra) Pardon, Madame, l'Opéra s'il vous plaît ? — (Excusez-moi, Monsieur, je cherche les Champs-Élysées) Pardon, Monsieur, les Champs-Élysées s'il vous plaît ? — (Excusez-moi, Madame, je cherche le Faubourg St-Honoré) Pardon, Madame, le Faubourg St-Honoré s'il vous plaît ? — (Excusez-moi, Monsieur, je cherche la Villette) Pardon, Monsieur, la Villette s'il vous plaît ?

UNITÉ 2. JEUX 1. PAGES 62-63. CASSETTE 2 - FACE A

Écoutez: **« Les feuilles mortes »**
chanté par Juliette Gréco.
Oh je voudrais tant que tu te souviennes
Des jours heureux où nous étions amis
En ce temps-là la vie était plus belle
Et le soleil plus brûlant qu'aujourd'hui
Les feuilles mortes se ramassent à la pelle
Tu vois, je n'ai pas oublié
Les feuilles mortes se ramassent à la pelle
Les souvenirs et les regrets aussi
Et le vent du nord les emporte
Dans la nuit froide de l'oubli
Tu vois, je n'ai pas oublié
La chanson que tu me chantais
C'est une chanson qui nous ressemble
Toi tu m'aimais, et je t'aimais
Nous vivions tous les deux ensemble
Toi qui m'aimais, moi qui t'aimais
Mais la vie sépare ceux qui s'aiment
Tout doucement sans faire de bruit
Et la mer efface sur le sable
Les pas des amants désunis.

Listen: **« The Dead Leaves »**
sung by Juliette Greco.
Oh, I so want you to remember
Those happy days when we were friends
Life was sweeter then
And the sun stronger than now
They're gathering up the dead leaves in shovels
You see, I haven't forgotten
They're gathering up the dead leaves in shovels
Along with the memories, the regrets
And the north wind is carrying them
Into the cold night of forgetfulness
You see, I haven't forgotten
The song you would sing for me
It's a song that's just like us
You loved me, and I loved you
We lived, the two of us together
You who loved me, I who loved you
But life comes between those who love
Very gently, noiselessly
And the sea washes away
The footprints of separated lovers
From the sand.

Jeu n° 1. *Solutions.* 1. Montparnasse — 2. Étoile — 3. Tour Eiffel — 4. Notre-Dame — 5. Concorde.

UNITÉ 2. CONTACTS 2. PAGE 64. CASSETTE 2 - FACE A

Un rendez-vous
Monsieur Philippon,
qui travaille dans une agence de presse,
téléphone à Madame Lefèvre,
attachée de presse de la société Durabel.

M. Philippon: Allô, la société Durabel ?
Une dame: Ah non, Monsieur, vous faites erreur ; quel numéro demandez-vous ?
M. Philippon: Le 48.06.66.90.

An appointment
Monsieur Philippon,
who works for a press agency,
telephones Madame Lefèvre,
press secretary for Durabel.

M. Philippon: Hallo, Durebel?
A woman: No, you've made a mistake. Which number do you want?
M. Philippon: 48.06.66.90.

11

La dame : Ici c'est le 48.06.70.90.	Woman: This is 48.06.70.90.
M. Philippon : Oh, excusez-moi.	M. Philippon: Oh, sorry!
La dame : Je vous en prie.	Woman: That's all right.
La standardiste : Durabel, j'écoute.	Switchboard operator: Durabel, can I help you?
M. Philippon : Bonjour Madame, je voudrais parler à Mme Lefèvre, s'il vous plaît.	M. Philippon: Hallo, I'd like to speak to Mme. Lefèvre, please.
La standardiste : Vous avez son numéro de poste ?	Operator: Have you got her extension number?
M. Philippon : Oui, c'est le 320.	M. Philippon: Yes, it's 320.
La standardiste : Ne quittez pas, je vous la passe.	Operator: Hold the line, I'll put you through.
M. Philippon : Allô, allô, Mme Lefèvre ?	M. Philippon: Hallo, Mme. Lefèvre?
La secrétaire : Mme Lefèvre est en réunion. C'est de la part de qui, s'il vous plaît ?	Secretary: Mme. Lefèvre is at a meeting. Who's speaking, please?
M. Philippon : De la part de M. Philippon. Je voudrais prendre rendez-vous avec elle.	M. Philippon: M. Philippon. I'd like to make an appointment with her.
La secrétaire : Je suis sa secrétaire ; j'ai son agenda. Je vais noter le rendez-vous si vous voulez. Voyons... la semaine prochaine ?	Secretary: It's her secretary speaking. I have her appointments diary. I'll make a note of the appointment if you like. Let's see... next week?
M. Philippon : Non, je préfère cette semaine.	M. Philippon: No, I'd prefer this week.
La secrétaire : Mercredi à 9 h 00, ça va ?	Secretary: Is Wednesday at nine o'clock all right?
M. Philippon : Ah, ce n'est pas possible, le mercredi matin je suis toujours pris.	M. Philippon: Ah, that's not possible, I'm always busy on Wednesday mornings.
La secrétaire : Et cet après-midi à 17 h 00 ?	Secretary: ... and this afternoon at five o'clock?
M. Philippon : Attendez, j'ai un rendez-vous à 15 h 00 et un autre à 18 h 00... Non, je n'ai pas le temps ! Mais je suis libre jeudi, en fin de journée.	M. Philippon: Wait a moment, I've got an appointment at three o'clock and another at six o'clock. No, I haven't got time. But I am free late on Thursday.
La secrétaire : Jeudi à 17 h 30 ?	Secretary: Thursday at five thirty?
M. Philippon : C'est parfait.	M. Philippon: That's perfect.
La secrétaire : Bon, je note. Rappelez-moi votre nom, s'il vous plaît.	Secretary: Good, I'll note that down. Could you give me your name again, please?
M. Philippon : Philippon.	M. Philippon: Philippon.
La secrétaire : Vous pouvez épeler, s'il vous plaît ?	Secretary: Could you spell that, please?
M. Philippon : P.H.I.L.I.P.P.O.N.	M. Philippon: P-H-I-L-I-P-P-O-N.
La secrétaire : Merci Monsieur, je transmettrai à Mme Lefèvre.	Secretary: Thank you, I'll tell Mme. Lefèvre.
M. Philippon : Merci beaucoup, Madame.	M. Philippon: Thank you very much.
La secrétaire : Au revoir, Monsieur.	Secretary: Good-bye.

Répétez :

Allô, la société Durabel ?

Quel numéro demandez-vous ?

Durabel, j'écoute.

Je voudrais parler à Mme Lefèvre.

Mme Lefèvre est en réunion.

Je voudrais prendre rendez-vous avec elle.

Je préfère cette semaine.

Ce n'est pas possible.

Vous pouvez épeler, s'il vous plaît ?

Repeat:

Hallo, Durabel?

Which number do you want?

Durabel, can I help you?

I'd like to speak to Mme. Lefèvre.

Mme. Lefèvre is at a meeting.

I'd like to make an appointment with her.

I'd prefer this week.

That's not possible.

Could you spell that, please?

UNITÉ 2. PRATIQUE ORALE 2. PAGE 68. CASSETTE 2 - FACE A

Exercice n° 1. Écoutez: (je) A vous: Je vais à l'agence — (nous) Nous allons à l'agence — (M. Philippon) M. Philippon va à l'agence. (tu) Tu vas à l'agence — (vous) Vous allez à l'agence — (Mme Lefèvre) Mme Lefèvre va à l'agence — (les clients) Les clients vont à l'agence — (je) Je vais à l'agence — (Véronique et Michel) Véronique et Michel vont à l'agence.

Exercice n° 2. Écoutez: (Henri Dubois) A vous: Je voudrais parler à Henri Dubois, s'il vous plaît — (responsable) Je voudrais parler au responsable, s'il vous plaît.
(ingénieur) Je voudrais parler à l'ingénieur, s'il vous plaît — (directrice) Je voudrais parler à la directrice, s'il vous plaît — (attaché de presse) Je voudrais parler à l'attaché de presse, s'il vous plaît — (Anne Perrot) Je voudrais parler à Anne Perrot, s'il vous plaît — (directeur des achats) Je voudrais parler au directeur des achats, s'il vous plaît — (cliente) Je voudrais parler à la cliente, s'il vous plaît — (Monsieur Serval) Je voudrais parler à Monsieur Serval, s'il vous plaît.

Exercice n° 3. Écoutez: (épelez !)) A vous: Vous pouvez épeler, s'il vous plaît ? — (répétez !) Vous pouvez répéter, s'il vous plaît ?
(venez !) Vous pouvez venir, s'il vous plaît ? — (sortez !) Vous pouvez sortir, s'il vous plaît ? — (descendez !) Vous pouvez descendre, s'il vous plaît ? — (transmettez !) Vous pouvez transmettre, s'il vous plaît ? — (écrivez !) Vous pouvez écrire, s'il vous plaît ? — (choisissez !) Vous pouvez choisir, s'il vous plaît.

Exercice n° 4. *Écoutez:* (Il est exactement 18 h 15 mn) *A vous:* Il est déjà 6 heures et quart! — (Il est exactement 15 h 30 mn) Il est déjà 3 heures et demie!
(Il est exactement 20 h 45 mn) Il est déjà 9 heures moins le quart! — (Il est exactement 12 h 00) Il est déjà midi! — (Il est exactement 9 h 15 mn) Il est déjà 9 heures et quart! — (Il est exactement 23 h 00) Il est déjà 11 heures! — (Il est exactement 11 h 55 mn) Il est déjà midi moins cinq! — (Il est exactement 00 h) Il est déjà minuit! — (Il est exactement 5 h 40 mn) Il est déjà 6 heures moins vingt!

Exercice n° 5. *Écoutez:* (Roger Lafosse. 42.72.23.86) *A vous:* Allô, le 42.72.23.86? Monsieur Lafosse, s'il vous plaît.
(Alain Butard. 78.37.84.50) Allô, le 78.37.84.50? MonsieurButard, s'il vous plaît — (Sophie Dumoyer. 44.00.33.54) Allô, le 44.00.33.54? Madame Dumoyer, s'il vous plaît — (Françoise Martin. 83.21.81.14) Allô, le 83.21.81.14? Madame Martin, s'il vous plaît — (Christian Ferri. 73.90.11.87) Allô, le 73.90.11.87? Monsieur Ferri, s'il vous plaît — (Jean Bertrand. 31.97.33.27) Allô, le 31.97.33.27? Monsieur Bertrand, s'il vous plaît — (Yves Jonon. 39.46.55.35) Allô, le 39.46.55.35? Monsieur Jonon, s'il vous plaît.

Exercice n° 6. *Écoutez:* (Casablanca 08 h 15/mardi) *A vous:* L'avion pour Casablanca part mardi matin — (Caracas 23 h 59/jeudi) L'avion pour Caracas part jeudi soir.
(Johannesburg 22 h 40/dimanche) L'avion pour Johannesburg part dimanche soir — (Annecy 19 h 30/mercredi) L'avion pour Annecy part mercredi soir — (Tokyo 6 h 55/lundi) L'avion pour Tokyo part lundi matin — (Cayenne 10 h 20/vendredi) L'avion pour Cayenne part lundi matin.

UNITÉ 2. JEUX 2. PAGES 70-71. CASSETTE 2 - FACE A

Jeu n° 1. *Écoutez:*
« La Belle Époque ». La plus belle brasserie de Paris. Ouvert après minuit : crustacés, coquillages. Réservations au 45.83.19.97.

Les numéros gagnants du loto : 13, 27, 45, 24, 17, 10.
Salle 1 « Tombe les filles et tais-toi » de Woody Allen. Séances à 14 h 30, 16 h 20, 18 h 10, 20 h 00, 21 h 50.
Vous perdez vos cheveux ? Appelez-nous au 48.53.14.90

Jeu n° 2. *Solutions.*
1. Quittez — 2. En ligne — 3. De la part — 4. Passe — 5. poste — 6. huit cent dix — 7. répond — 8. patienter — 9. rappellerai ⟶ téléphone.

Jeu n° 3.

9:00	Courrier
10:00	Préparation des documents pour la réunion avec la direction commerciale
12:30	Déjeuner avec M. Bartolli
14:30	Réunion avec la direction commerciale
18:30	Cocktail
20:30	Dîner chez les Bonnard

Take a break No. 1. *Listen:*
«La Belle Époque». The most beautiful brasserie in Paris. Open after midnight: crustacea, shellfish. Reservations on 45.83.19.97.
The winning lottery numbers: 13, 27, 45, 24, 17, 10.
Cinema 1 "Play it Again Sam" by Woody Allen. Performances at 2:30 p.m., 4:20 p.m., 6:10 p.m., 8 p.m., 9:50 p.m.
Are you losing your hair? Call us at 48.53.14.90.

Take a break No. 3.

9 a. m.	Morning post
10:00 a. m.	Prepare documents for the meeting with the executive sales department
12:30	Lunch with Mr. Bartolli
2:30 p. m.	Meeting with the executive sales department
6:30 p. m.	Cocktail party
8:30 p. m.	Dinner at the Bonnard's

UNITÉ 2. CONTACTS 3. PAGE 72. CASSETTE 2 - FACE A

En taxi
Monsieur Philippon
est en retard à son rendez-vous.
Il prend un taxi.

M. Philippon : Bonjour Monsieur, 17 rue La Rochelle, s'il vous plaît.
Le chauffeur de taxi : C'est près de la tour Montparnasse ?
M. Philippon : Oui, c'est juste derrière.
Le chauffeur : Quel sale temps ! Depuis deux jours il y a du vent et en plus aujourd'hui il fait froid.
M. Philippon : Vous savez, vous avez de la chance, ici. J'arrive de Suède : là-bas il fait — 10° en ce moment et il neige depuis deux mois.

Le chauffeur : Vous êtes suédois? Vous parlez bien français pour un Suédois.
M. Philippon : Je ne suis pas suédois ; je suis français, mais je vis en Suède depuis quinze ans.
Le chauffeur : Et ça vous plaît, la Suède ?
M. Philippon : Oui, beaucoup ! j'ai un travail qui m'intéresse... et puis ma femme est suédoise.
Le chauffeur : Ah, je comprends ! Et l'hiver, vous aimez ? Il fait nuit très tôt, là-bas ?

In a taxi
Monsieur Philippon
is late for his appointment.
He takes a taxi.

M. Philippon: Hallo, 17 rue de la Rochelle, please.
Taxi driver: That's near the Tour Montparnasse, isn't it?
M. Philippon: Yes, it's just behind it.
Taxi driver: What awful weather! It's been windy here for two days, and on top of that, today it's cold.
M. Philippon: You know, you're lucky here! I've just come from Sweden. It's ten below zero there and it's been snowing for two months.
Taxi driver: Are you Swedish? You speak French well for a Swede.
M. Philippon: No, I'm not Swedish; I'm French, but I've been living in Sweden for fifteen years.
Taxi driver: Do you like Sweden?
M. Philippon: Yes, very much. My job's interesting... and then my wife's Swedish.
Taxi driver: Ah, I see. And do you like the winter? It gets dark very early there.

M. Philippon: Oui, vers trois heures et demie, mais on est habitué. En Suède les maisons sont très agréables, on aime bien rester chez soi ; on lit beaucoup, on écoute de la musique et on ne se couche pas tard, vous savez.

Le chauffeur: Vous habitez à Stockholm?

M. Philippon: Non, j'habite dans la banlieue au bord d'un lac en pleine forêt ; on peut faire du ski derrière la maison et l'été, avec les enfants, on se baigne dans le lac.

Le chauffeur: Alors vous n'aimez pas Paris?

M. Philippon: Si, j'aime bien, c'est une très belle ville, mais je préfère la campagne ; j'ai horreur du bruit et de la foule.

Le chauffeur: Ça y est! Un embouteillage! Ah, je vous jure!

M. Philippon: Vous avez l'heure, s'il vous plaît?

Le chauffeur: Oui, il est quatre heures. Vous êtes pressé?

M. Philippon: Assez, oui.

Le chauffeur: Bon. Alors, il vaut mieux prendre le métro. C'est direct et vous serez à Montparnasse dans dix minutes.

M. Philippon: Vous avez raison. Je vous dois combien?

Le chauffeur: Ça fait 50 F.

M. Philippon: Vous me faites une fiche, s'il vous plaît.

Le chauffeur: Voilà Monsieur, et bonne journée.

M. Philippon: Merci, au revoir.

M. Philippon: Yes, about half past three, but we're used to it. Houses in Sweden are very nice, we like staying at home; we read a lot, we listen to music and we don't go to bed late, you know.

Taxi driver: Do you live in Stockholm?

M. Philippon: No, I live in the suburbs on the banks of a lake, right in the forest. We can ski behind the house, and in the summer we swim in the lake with the children.

Taxi driver: So you don't like Paris, then?

M. Philippon: Oh no, I like it very much, it's a very beautiful city, but I prefer the countryside. I can't stand the noise and the crowds.

Taxi driver: Wouldn't you know it! A traffic jam! I ask you!

M. Philippon: Have you got the time, please?

Taxi driver: Yes, it's four o'clock. Are you in a hurry?

M. Philippon: I am rather, yes.

Taxi driver: Well, you'd better take the metro, then. It's direct, and you'll be at Montparnasse in ten minutes.

M. Philippon: You're right. How much do I owe you?

Taxi driver: That'll be 50 francs.

M. Philippon: Could you give me a receipt, please?

Taxi driver: Here you are, have a nice day.

M. Philippon: Thank you, good-bye.

Répétez :

Aujourd'hui il fait froid.
Il neige depuis deux mois.
Je ne suis pas suédois.
J'habite dans la banlieue.
Je préfère la campagne.
J'ai horreur du bruit.
Vous avez l'heure, s'il vous plaît?
Il est quatre heures.
Il vaut mieux prendre le métro.

Repeat:

Today it's cold.
It's been snowing for two months.
I'm not Swedish.
I live in the suburbs.
I prefer the countryside.
I can't stand the noise.
Have you got the time, please?
It's four o'clock.
You'd better take the metro.

UNITÉ 2. PRATIQUE ORALE 3. PAGE 76. CASSETTE 2 - FACES A et B

Exercice n° 1. *Écoutez:* (Vous vivez en Suède? 15 ans) *A vous:* Oui, je vis en Suède depuis 15 ans — (Vous connaissez Marie? 1980) Oui, je connais Marie depuis 1980.
(Vous faites du ski? 10 ans) Oui, je fais du ski depuis 10 ans — (Vous attendez Michel? 2 heures) Oui, j'attends Michel depuis 2 heures — (Vous êtes marié? 26 ans) Oui, je suis mariée depuis 26 ans — (Vous allez sur la Côte d'Azur? 1981) Oui, je vais sur la Côte d'Azur depuis 1981.

Exercice n° 2. *Écoutez:* (je) (ski) *A vous:* Je fais du ski — (vous) (voile) Vous faites de la voile.
(Marcel) (bateau) Marcel fait du bateau — (tu) (gymnastique) Tu fais de la gymnastique — (les enfants) (cheval) Les enfants font du cheval — (je) (natation) Je fais de la natation — (nous) (vélo) Nous faisons du vélo — (vous) (danse) Vous faites de la danse.

Exercice n° 3. *Écoutez:* (Je fais du ski) *A vous:* Ah bon, vous aimez le ski? — (Je joue au tennis) Ah bon, vous aimez le tennis?
(Je fais du cheval) Ah bon, vous aimez le cheval? — (Je joue au golf) Ah bon, vous aimez le golf? — (Je joue du piano) Ah bon, vous aimez le piano? — (Je fais de la danse) Ah bon, vous aimez la danse? — (Je joue de la guitare) Ah bon, vous aimez la guitare? — (Je fais de la natation) Ah bon, vous aimez la natation? — (Je joue au football) Ah bon, vous aimez le football?

Exercice n° 4. *Écoutez:* (On reste à la maison) *A vous:* On aime rester à la maison — (On écoute de la musique) On aime écouter de la musique.
(On lit) On aime lire — (On fait du ski) On aime faire du ski — (On se baigne dans le lac) On aime se baigner dans le lac — (On se couche tôt) On aime se coucher tôt — (On prend l'avion) On aime prendre l'avion — (On va au restaurant) On aime aller au restaurant.

Exercice n° 5. *Écoutez:* (Les grandes villes, vous n'aimez pas?) *A vous:* Ah non, je déteste les grandes villes! — (La campagne, vous aimez?) Ah oui, j'adore la campagne!
(La forêt, vous aimez?) Ah oui, j'adore la forêt! — (La banlieue, vous n'aimez pas?) Ah non, je déteste la banlieue! — (Le vent, vous n'aimez pas?) Ah non, je déteste le vent! — (Le soleil, vous aimez?) Ah oui, j'adore le soleil! — (Le métro, vous n'aimez pas?) Ah non, je déteste le métro! — (Le ski, vous aimez?) Ah oui, j'adore le ski.

Exercice n° 6. *Écoutez:* (Vous vous couchez tard?) *A vous:* Non, je ne me couche pas tard — (Il se trompe d'étage?) Non, il ne se trompe pas d'étage.
(Vous vous baignez dans le lac?) Non, je ne me baigne pas dans le lac — (Elle s'appelle Anne-Marie?) Non, elle ne s'appelle pas Anne-Marie — (Je me trompe de bureau?) Non, vous ne vous trompez pas de bureau — (Nous nous occupons des achats?) Non, vous ne vous occupez pas des achats — (Les enfants se lèvent tard?) Non, ils ne se lèvent pas tard.

Jeu n° 1. *Écoutez:*
1. Je suis au bord d'un *lac* en pleine *forêt*. Il y a de la *neige* partout. Il fait très *froid* : moins 20 ! J'entends des *loups...* *(Canada)*

2. Je suis ici pour vous parler de l'événement de l'année — le *défilé de mode* des plus *grands couturiers* du monde. Mais malheureusement, coincé dans ce taxi. Le défilé se déroule en ce moment précis. Et je ne peux pas prendre le métro, car je n'arrive pas à lire le nom des stations. *(Tokyo)*
3. Ici toutes *les pierres* parlent du passé. A chaque coin de rue on retrouve *l'art* et *l'histoire*. En ce moment, je suis sur une des sept collines de la ville. D'ici je vois beaucoup de clochers *d'églises*. *(Rome)*

4. Et me voilà sur ma *planche à voile* ! La *mer* est très bleue, très belle, mais il y a d'énormes *vagues*. Je crois que je vais tombeeeer...! *(Hawaii)*
5. Voilà Jean-Paul Belmondo ! Et Marie-Christine Barrault ! Et le grand metteur en scène italien, Federico Fellini ! Tout le monde est ici ! Une fois par an toutes les grandes *vedettes*, et les moins grandes, se réunissent ici pour cette grande *fête du cinéma* ! *(Cannes)*

Jeu n° 2. *Écoutez:*
Marseille, temps ensoleillé avec vent du sud-ouest, 23°C, — Lyon, un temps nuageux avec des belles éclaircies, 17°C — Bordeaux, du beau temps, 20°C — Lille, des orages, 14°C — Strasbourg, il pleut, 9°C — Paris, un temps brumeux, 12°C.

Take a break No. 1. *Listen:*
1. I'm on the banks of a lake in the middle of a forest. There is snow everywhere. It's very cold: minus 20! I hear wolves... *(Canada)*

2. I'm here to talk to you about the event of the year - the fashion parade of the greatest fashion designers in the world. But, unfortunately, I'm stuck in this taxi. The parade is taking place right this minute. And I can't take the underground, as I'm not even able to read the names of the stations! *(Tokyo)*
3. Here every stone speaks of the past. At every street-corner you can find art and history. At the moment, I'm on one of the seven hills of the town. From here I can see many belfries. *(Rome)*

4. Here I am on my sailboard. The sea is very blue, very beautiful, but there are enormous waves. I think I'm going to fall...! *(Hawaii)*
5. Here's Jean-Paul Belmondo! And Marie-Christine Barrault! And the great Italian director Federico Fellini! Everybody is here! Once a year all the big stars, and those who aren't so big, get together here for this great cinema celebration! *(Cannes)*

Take a break No. 2. *Listen:*
Marseille, sunny weather with a south-westerly wind, 23°C - Lyon, overcast with sunny intervals, 17°C - Bordeaux, fine weather, 20°C - Lille, storms, 14°C - Strasbourg, it's raining, 9°C - Paris, misty weather, 12°C.

Quel candidat choisir ?
**Monsieur Vabret, directeur du personnel,
va voir Monsieur Launay,
le président-directeur général.**

M. Launay, P.-D.G. : Oui, entrez.
M. Vabret, D. : Bonjour, Monsieur Launay.
P.-D.G. : Bonjour Monsieur Vabret, asseyez-vous, je vous en prie.
D. : Merci.
P.-D.G. : Alors, vous l'avez trouvé, notre futur directeur export ?
D. : Je crois que oui. J'ai deux candidats qui me semblent très intéressants. Tenez, si vous voulez regarder leurs curriculum vitae.
P.-D.G. : Il a l'air bien, ce Jacques Leclerc. Je vois qu'il a beaucoup d'expérience.
D. : Oui, j'ai discuté avec lui ; visiblement il connaît bien les problèmes de la vente ; il saura animer une équipe de vendeurs et il s'intéresse aux nouvelles technologies.
P.-D.G. : En plus, il est célibataire ; il pourra voyager facilement. Il parle bien anglais ?
D. : Il n'est pas vraiment bilingue mais il parle correctement. Il parle aussi espagnol.
P.-D.G. : Vous voyez autre chose ?
D. : A mon avis, c'est un jeune homme un peu trop réservé...
P.-D.G. : Et Mademoiselle Lefranc, elle n'est pas trop jeune pour le poste ? Elle n'a que 32 ans ! Qu'est-ce que vous en pensez ?
D. : Moi, elle m'a impressionné ; elle est diplômée de l'ESSEC, elle a de l'allure, elle est souriante et elle a beaucoup de charme.
P.-D.G. : Et vous pensez qu'elle est capable de s'imposer ?
D. : Oui, tout à fait, elle a une forte personnalité.
P.-D.G. : Elle parle vraiment trois langues ?
D. : Oui, couramment.
P.-D.G. : Et pour les déplacements ?
D. : Elle est très disponible et elle adore voyager.

Which applicant?
**Monsieur Vabret, the personnel manager,
goes to see Monsieur Launay,
the managing director.**

M. Launay: Yes, come in!
M. Vabret: Hello Monsieur Launay.
M. Launay: Hello, Monsieur Vabret, have a seat, won't you?
M. Vabret: Thank you.
M. Launay: So, have you found our next export manager?
M. Vabret: Yes, I think so. There are two applicants who seem very promising. Here, have a look at their c.v.'s if you like.
M. Launay: This Jacques Leclerc looks all right. I can see he has a lot of experience.
M. Vabret: Yes, I've spoken to him. Obviously he knows the ins and outs of selling; he'll know how to organise a sales-team, and he's interested in new technology.
M. Launay: He's single, too. He'll be able to travel easily. Does he speak English well?
M. Vabret: He's not really bilingual but he speaks reasonably well and he also speaks Spanish.
M. Launay: Is there anything else?
M. Vabret: In my opinion he's a rather reserved young man.
M. Launay: ... and what about Mademoiselle Lefranc, isn't she a bit young for the job? She's only 32. What do you think of her?
M. Vabret: She impressed me. She's an ESSEC graduate, she's very striking, she's cheerful and she's very charming.
M. Launay: ... and do you think she can assert herself?
M. Vabret: Absolutely! She's got a very strong personality.
M. Launay: Does she really speak three languages?
M. Vabret: Yes, fluently.
M. Launay: ... and the travelling?
M. Vabret: She's completely free and she adores travelling.

P.-D.G. : Si je comprends bien, vous préférez Mlle Lefranc ? Bon, convoquez-les tous les deux pour mardi après-midi.

D. : Bien, Monsieur.

P.-D.G. : A propos, vous sortez avec nos clients brésiliens ce soir ?

D. : Oui, je dois les emmener dîner à « la Closerie des Lilas » et ensuite nous allons au Crazy Horse.

P.-D.G. : Au Crazy Horse !! Alors, bonne soirée !... et à demain.

M. Launay: So, if I understand you correctly, you prefer Mademoiselle Lefranc? Right, ask them to come on Tuesday afternoon.

M. Vabret: Right.

M. Launay: By the way, are you going out with our Brazilian clients this evening?

M. Vabret: Yes, I have to take them out to dinner at the Closerie des Lilas and then we're going to the Crazy Horse.

M. Launay: To the Crazy Horse! Have a nice evening then and I'll see you tomorrow.

Répétez :

Asseyez-vous, je vous en prie.
J'ai deux candidats très intéressants.
Il s'intéresse aux nouvelles technologies.
Il parle bien anglais ?
A mon avis, c'est un jeune homme un peu trop réservé...
Qu'est-ce que vous en pensez ?
Elle a beaucoup de charme.
Elle adore voyager.

Repeat:

Have a seat, won't you?
There are two very promising applicants.
He's interested in new technology.
Does he speak English well?
In my opinion, he's a rather reserved young man.
What do you think of him / her?
She's very charming.
She adores travelling.

UNITÉ 2. PRATIQUE ORALE 4. PAGE 84. CASSETTE 2 - FACE B

Exercice n° 1. *Écoutez:* (Il est grand) *A vous:* Oui, mais elle aussi, elle est grande.
(Il est sérieux) Oui, mais elle aussi, elle est sérieuse — (Il est charmant) Oui, mais elle aussi, elle est charmante — (Il est disponible) Oui, mais elle aussi, elle est disponible — (Il est intéressant) Oui, mais elle aussi, elle est intéressante — (Il est intelligent) Oui, mais elle aussi, elle est intelligente — (Il est travailleur) Oui, mais elle aussi, elle est travailleuse — (Il est bilingue) Oui, mais elle aussi, elle est bilingue — (Il est ambitieux) Oui, mais elle aussi, elle est ambitieuse.

Exercice n° 2. *Écoutez:* (je) (penser) *A vous:* Je pense qu'il est bilingue — (vous) (croire) Vous croyez qu'il est bilingue.
(Gisèle) (être sûr) Gisèle est sûre qu'il est bilingue — (je) (croire) Je crois qu'il est bilingue — (tu) (savoir) Tu sais qu'il est bilingue — (nous) (penser) Nous pensons qu'il est bilingue — (vous) (voir) Vous voyez qu'il est bilingue — (Frédéric) (croire) Frédéric croit qu'il est bilingue.

Exercice n° 3. *Écoutez:* (Il) (sérieux) *A vous:* Il est sérieux — (jeune femme) (sérieuse) C'est une jeune femme sérieuse.
(elle) (charmante) Elle est charmante — (candidat) (intéressant) C'est un candidat intéressant — (il) (intelligent) Il est intelligent — (directeur) (travailleur) C'est un directeur travailleur — (elle) (informaticienne) Elle est informaticienne.

Exercice n° 4. *Écoutez:* (Florence) (savoir) *A vous:* Florence sait animer une équipe — (je) (devoir) Je dois animer une équipe.
(vous) (pouvoir) Vous pouvez animer une équipe — (vous) (devoir) Vous devez animer une équipe — (Anne) (vouloir) Anne veut animer une équipe — (nous) (pouvoir) Nous pouvons animer une équipe — (les ingénieurs) Nous savons animer une équipe — (je) (pouvoir) Je peux animer une équipe — (les candidats) (vouloir) Les candidats veulent animer une équipe.

Exercice n° 5. *Écoutez:* (J'ai une candidate. Elle semble intéressante) *A vous:* J'ai une candidate qui semble intéressante.
(J'ai un ami. Il est bilingue) J'ai un ami qui est bilingue — (Vous avez une amie. Elle adore voyager) Vous avez une amie qui adore voyager — (J'ai deux collaborateurs. Ils sont célibataires) J'ai deux collaborateurs qui sont célibataires — (J'ai une vendeuse. Elle a une forte personnalité) J'ai une vendeuse qui a une forte personnalité — (Ce sont des techniciens. Ils s'intéressent à l'informatique) Ce sont des techniciens qui s'intéressent à l'informatique.

Exercice n° 6. *Écoutez:* (Elle parle anglais ? bien) *A vous:* Oui, elle parle bien anglais — (Elle travaille ? beaucoup) Oui, elle travaille beaucoup.
(Il sort ? souvent) Oui, il sort souvent — (Vous fumez ? toujours) Oui, je fume toujours — (Vous voyagez ? quelquefois) Oui, je voyage quelquefois — (Elle joue du piano ? bien) Oui, elle joue bien du piano.

UNITÉ 2. JEUX 4. PAGES 86-87. CASSETTE 2 - FACE B

Jeu n° 1. *Écoutez:*

1. Parents ! Couchez les enfants avant de voir l'horreur insoutenable du retour de *Crapulax*.
2. Un pour tous et tous pour un... Ne manquez pas *Les Trois Mousquetaires*.
3. Paul, je t'aime.
Annette, je t'aime aussi. Oh, comme je...
(Quelqu'un frappe à la porte)
(chuchote) : Qui est-ce ?
Oh, mon dieu ! Vite ! C'est mon mari.
Vite ! Dans l'armoire.
Si vous voulez tout savoir de Paul, Édouard, Annette et les autres, allez vite voir... *Passion volée*.

Take a break No. 1. *Listen:*

1. Parents! Put the children to bed before seeing the unbearable horror of the return of Crapulax.
2. One for all and all for one... Don't miss The Three Musketeers.
3. Woman: Paul, I love you.
Man: Annette, I love you, too. Oh, how I...
(someone knocks at the door)
Man (whispering): Who is it?
Woman: Oh, my God!
Quickly! Into the wardrobe.
If you want to know everything about Paul, Edouard, Annette and the others, hurry up and see Passion Volée. (Stolen passion).

4. Pour savoir ce qui arrivera à ces malheureux cosmonautes, il faut voir La Planète maudite.

4. If you want to know everything that will happen to these unfortunate cosmonauts, you'll have to go and see La Planète maudite (The Damned Planet).

5. Vous allez rire, comme tant d'autres, avec les aventures de ce pauvre Malchanceux.

5. You'll laugh, like so many others, at the adventures of this poor Malchanceux (the unlucky one).

Jeu n° 2. Solutions.
1. Urgent, German engineer is looking for a three-room apartment. Paris or Parisian metropolitan area. Phone: 42.78.34.67. — Geneviève de Beaumont —
2. Export director wishes to learn Japanese. Seeking native Japanese teacher. Phone: 46.48.89.04. — Yoshio Mitzumaki —
3. Young man, 23, athletic. Seeking nature-lovers (men or women) for week-end hikes in the outskirts of Paris. Phone: 45.34.67.26. — Catherine Duvail —
4. Young woman, 21, blond, green eyes, 1 metre 70 centimetres. Seeking kindred spirit. 25/30 years old. I like the night hours, city-life, the cinema, music, discos. Phone: 43.20.51.45. — Marc Saint-Clair —
1. Identity card: Name: Geneviève de Beaumont. Age: 54. Nationality: French. Profession: Real estate agent.
2. Identity card: Name: Yoshio Mitzumaki. Age: 22. Nationality: Japanese. Profession: architecture student.
3. Identity card: Name: Catherine Duvail. Age: 25. Nationality: French. Profession: Physical education teacher.
4. Identity card: Name: Marc Saint-Clair. Age: 27. Nationality: Belgian. Profession: Musician.

UNITÉ 2. CONTACTS 5. PAGE 88. CASSETTE 2 - FACE B

Paris la nuit
Dépliant publicitaire du Crazy Horse

LE LIEU
Le Crazy Horse est situé au cœur de Paris, 12 avenue George V, dans le 8e arrondissement.
L'HEURE
Le Crazy Horse est ouvert tous les soirs, toute l'année.
Il offre deux représentations par soir : à 21 h 25 et 23 h 45, et trois représentations les vendredi et samedi à 20 h 30, 22 h 35 et 0 h 50.
Le spectacle dure 1 h 45 mn.
LES CONSOMMATIONS
Le prix comprend une demi-bouteille de champagne de grande marque par personne ou deux boissons. Le Crazy Horse ne sert pas de dîner mais seulement des boissons : champagne, vin, whisky, bière, jus de fruit et même Coca-Cola. Vous pouvez dîner près du Crazy Horse avant ou après le spectacle. Il y a de nombreux restaurants sur l'avenue George V ou sur la place de l'Alma, qui sont toujours ouverts à 7 heures du soir et souvent jusqu'à 2 heures du matin.
LE SPECTACLE
Le Crazy Horse propose le meilleur spectacle de nu du monde. La troupe comprend 24 danseuses, 3 ou 4 attractions de variétés et un orchestre de 4 musiciens.
Les artistes, qui sont des danseuses professionnelles de music-hall, sont aussi d'excellentes actrices. Elles sont très belles, mesurent 1,70 m, ne pèsent pas plus de 55 kg, ont de beaux yeux, une belle poitrine et une personnalité très marquée !
RÉSERVATION
Vous pouvez réserver dans toutes les agences ou au Crazy Horse en téléphonant directement.

Paris at night
Crazy Horse Publicity brochure

THE PLACE
The Crazy Horse is situated in the heart of Paris at 12, avenue George V, in the eight arrondissement.
THE TIME
The Crazy Horse is open every night of the year. There are two shows a night at 9:25 and 11:45 and three on Fridays and Saturdays at 8:30, 10:35 and 12:50. The show lasts an hour and three quarters.
DRINKS
The price includes half a bottle of quality champagne per person or two drinks. The Crazy Horse does not serve dinner, only drinks: champagne, wine, whisky, beer, fruitjuice and even Coca-Cola. You can have dinner near the Crazy Horse either before or after the show. There are many restaurants on the Avenue George V or on the Place de l'Alma, which open at 7 p.m. and often stay open until 2 a.m.
THE SHOW
The Crazy Horze offers the best nude show in the world. The line-up includes 24 dancers, 3 or 4 variety acts and a four-man band. The performers, who are professional music-hall dancers, are also excellent actresses. They are very beautiful, 5'6" tall, weigh no more than 55 kilos, have beautiful eyes, beautiful busts and distinctive personalities.

RESERVATIONS
You can reserve at any booking agency or at the Crazy Horse by calling direct.

UNITÉ 2. PRATIQUE ORALE 5. PAGE 92. CASSETTE 2 - FACE B

Exercice n° 1. Écoutez : (Des restaurants) (nombreux) A vous : Il y a de nombreux restaurants.
(Des femmes) (belles) Il y a de belles femmes — (Des danseuses) (bonnes) Il y a de bonnes danseuses — (Des artistes) (nouveaux) Il y a de nouveaux artistes — (Des musiciens) (jeunes) Il y a de jeunes musiciens — (Des quartiers) (beaux) Il y a de beaux quartiers — (Des théâtres) (vieux) Il y a de vieux théâtres.

Exercice n° 2. Écoutez : (La troupe est en voyage ?) A vous : Oui, toute la troupe est en voyage.
(Les cafés sont ouverts le samedi ?) Oui, tous les cafés sont ouverts le samedi — (Les danseuses mesurent 1 m 70 ?) Oui, toutes les danseuses mesurent 1 m 70 — (Les places sont bien situées ?) Oui, toutes les places sont bien situées — (Les musiciens sont français ?) Oui, tous les musiciens sont français — (Les boissons sont chères ?) Oui, toutes les boissons sont chères — (Le programme est en anglais ?) Oui, tout le programme est en anglais.

Exercice n° 3. *Écoutez:* (Je connais un cabaret. Il se trouve au centre de Paris) *A vous:* Je connais un cabaret qui se trouve au centre de Paris. (Je connais un cabaret. Il est ouvert jusqu'à 3 heures du matin) Je connais un cabaret qui est ouvert jusqu'à 3 heures du matin — (Je connais un cabaret. Il est situé près des Champs-Élysées) Je connais un cabaret qui est situé près des Champs-Élysées — (Je connais un cabaret. Il est fermé le lundi) Je connais un cabaret qui est fermé le lundi.

Exercice n° 4. *Écoutez:* (Vous savez danser?) *A vous:* Non, je ne sais pas danser. (On peut dîner au Crazy Horse?) Non, on ne peut pas dîner au Crazy Horse — (Je dois réserver?) Non, vous ne devez pas réserver — (Elle veut déjeuner?) Non, elle ne veut pas déjeuner — (Je peux fumer ici?) Non, vous ne pouvez pas fumer ici — (Vous savez aller au Crazy Horse?) Non, je ne sais pas aller au Crazy Horse — (Il doit téléphoner?) Non, il ne doit pas téléphoner — (Vous voulez venir?) Non, je ne veux pas venir.

Exercice n° 5. *Écoutez:* (Il cherche une danseuse) (beau) *A vous:* Il cherche une belle danseuse. (Il y a un orchestre) (nouveau) Il y a un nouvel orchestre — (Donnez-moi une bouteille d'eau minérale) (petit) Donnez-moi une petite bouteille d'eau minérale — (Qui est cette dame, près du bar?) (gros) Qui est cette grosse dame près du bar? — (Je ne connais pas ce musicien) (jeune) Je ne connais pas ce jeune musicien — (Je voudrais une chambre) (grand) Je voudrais une grande chambre — (C'est une marque de champagne) (vieux) C'est une vieille marque de champagne — (J'ai réservé une table) (bon) J'ai réservé une bonne table.

Exercice n° 6. *Écoutez:* (Vous vous trompez) (pouvoir) *A vous:* Vous pouvez vous tromper — (Il se baigne) (vouloir) Il veut se baigner. (Il s'occupe des clients) (savoir) Il sait s'occuper des clients — (Nous nous levons) (devoir) Nous devons nous lever — (Hélène s'assied ici) (pouvoir) Hélène peut s'asseoir ici — (Tu te présentes) (savoir) Tu sais te présenter — (Vous vous imposez) (vouloir) Vous voulez vous imposer.

UNITÉ 2. JEUX 5. PAGES 94-95. CASSETTE 2 - FACE B

Écoutez: « **Il est cinq heures, Paris s'éveille** » **chanté par Jacques Dutronc.**

Listen: « **Paris awakens** » **sung by Jacques Dutronc.**

Je suis le dauphin de la place Dauphine	*I'm the prince of the Place Dauphine*
Et la place Blanche a mauvaise mine	*And the Place Blanche is pale and doesn't look well*
Les camions sont pleins de lait	*The lorries are all loaded up with milk*
Les balayeurs sont pleins de balais	*The streetsweepers are all stacked up with brooms*
Il est cinq heures	*It's five in the morning*
Paris s'éveille	*And Paris is waking up*
Paris s'éveille	*Paris is waking up*
Les travestis vont se raser	*The transvestites are going off to shave*
Les strip-teaseuses sont rhabillées	*The strippers have put all their clothes back on*
Les traversins sont écrasés	*The bolsters bear the imprints of the night*
Les amoureux sont fatigués	*The lovers are running out of breath*
Il est cinq heures, Paris s'éveille (bis)	*It's five in the morning*
Le café est dans les tasses	*And Paris is waking up*
Les cafés nettoient leurs glaces	*Paris is waking up*
Et sur le boulevard Montparnasse	*There's coffee in cups*
La gare n'est plus qu'une carcasse	*And in the cafés, they're cleaning the mirrors*
Il est cinq heures, Paris s'éveille (bis)	*And on the boulevard Montparnasse*
Les banlieusards sont dans les gares	*The old station is nothing more than a skeleton*
A La Villette on tranche le lard	*It's five in the morning...*
Paris by night regagne les cars	*The commuters are in the stations*
Les boulangers font des bâtards	*At La Villette, they're slicing the bacon*
Il est cinq heures, Paris s'éveille (bis)	*The «Paris-by-nighters» are getting back in their coaches*
La tour Eiffel a froid aux pieds	*The bakers are baking their loaves*
L'Arc de Triomphe est ranimé	*It's five in the morning...*
Et l'Obélisque est bien dressé	*The Eiffel Tower's got cold feet*
Entre la nuit et la journée	*The Arc de Triomphe's coming out of its sleep*
Il est cinq heures, Paris s'éveille	*And the Obelisk stands proudly*
Les journaux sont imprimés	*Between the night and the day*
Les ouvriers sont déprimés	*It's five in the morning...*
Les gens se lèvent ils sont brimés	*The papers are printed*
C'est l'heure où je vais me coucher	*The workers feel jaded*
Il est cinq heures, Paris se lève	*The people are getting up, frustrated,*
Il est cinq heures, je n'ai pas sommeil.	*Now it's my bed time*
	It's five in the morning
	Paris is getting up
	And I'm not sleepy

Deux façons de parler

Street talk - Straight talk.

Nous dînons en ville ce soir? Dans un chinois par exemple.	*Shall we eat in town tonight? What about Chinese?*
Les repas, les restaurants, tu n'es pas fatiguée?	*Meals, restaurants... Aren't you tired?*
Bon, alors allons au cinéma.	*O.K. Let's go to the cinema.*
Lundi il y a trop de monde.	*There are too many people on Monday.*
J'ai une idée. Nous pourrions aller boire quelque chose chez Sylvie.	*I've got an idea. We could go and have a drink at Sylvie's.*
Pourquoi ne restons-nous pas chez nous, tous les deux...	*Why don't we stay home, just the two of us?*

UNITÉ 3 / UNIT 3

UNITÉ 3. CONTACTS 1. PAGE 104. CASSETTE 3 - FACE A

Publicités
A la radio,
une veille de week-end.

« Samedi, temps instable toute la journée sur les Pyrénées, le Nord, le Nord-Est et les Alpes. Partout ailleurs le ciel restera bleu.

Dimanche, il fera beau : la journée sera ensoleillée sur l'ensemble du pays mais dans l'Ouest le ciel deviendra gris en fin de soirée. »

Et maintenant une page de publicité :
Je ne suis pas fort
Je ne suis pas grand
Je ne suis pas brun
Je n'ai pas les yeux bleus
Je ne ressemble pas à Alain Delon
Mais je suis l'homme que les femmes s'arrachent
Je suis l'homme qu'elles aiment
Mon arme : l'eau de toilette de la séduction absolue, Goëland III.

C'est la plus rapide
La plus jolie
La plus élégante
Elle a un charme fou
LA PETITE POMME 007
La nouvelle calculatrice de poche.
Que vous allez acheter.
Que vous devez acheter !

Mon premier est long et cylindrique
Mon deuxième est rouge, noir ou doré
Mon troisième a une plume en or ou en métal argenté
Mon quatrième est le messager de vos pensées.
MON TOUT : CHARADE, le stylo fin et racé que vous n'allez plus quitter.

Le travail, c'est la santé
mais pour la conserver
il faut être installé FUTURA
Vous allez moderniser votre bureau alors choisissez FUTURA
FUTURA, un mobilier conçu pour le confort et l'efficacité
FUTURA, des bureaux, des sièges, des rayonnages en bois massif et en métal chromé.
FUTURA, les prix les plus bas pour les meubles les mieux adaptés
FUTURA, le mobilier que vous allez choisir !

Répétez :
Samedi, temps instable.
Je ne suis pas grand, je ne suis pas brun.
Je suis l'homme qu'elles aiment.
C'est la plus rapide.
FUTURA, des bureaux, des sièges en bois massif et en métal.

Advertisements
On the radio,
just before a weekend.

On Saturday unstable weather all day in the Pyrenees, the north, the north-east and the Alps. Everywhere else there will be blue skies.

On Sunday it will be fine. It will be sunny throughout the country but skies will become cloudy in the west late in the evening.

And now an advertising break:
I'm not strong
I'm not tall
I haven't got dark hair
I haven't got blue eyes
I don't look like Alain Delon
But I'm the man women fight over
I'm the man they love
My weapon: The toilet water that will sweep them off their feet, Goéland III.

It's the fastest
It's the prettiest
It's the most elegant
It's madly charming
It's the little Apple 007
The new pocket calculator
which you're going to buy
Which you must buy.

My first is long and cylindrical
My second is red, black, or gold
My third has a gold or silver-plated feather
My fourth is the messenger of your thoughts
My whole: Charade, the slim, classy ballpoint you will never put down.

Work brings good health
But to stay healthy
You need FUTURA
Are you modernising your office? Then choose FUTURA
FUTURA, furniture designed for comfort and efficiency
FUTURA, desks, chairs, shelving in solid wood or chrome-plated metal
FUTURA, the lowest prices for the most suitable furniture
FUTURA, the furniture you will choose!

Repeat:
On Saturday, unstable weather.
I'm not tall. I haven't got dark hair.
I'm the man they love.
It's the fastest.
FUTURA, desks, chairs, in solid wood or metal.

UNITÉ 3. PRATIQUE ORALE 1. PAGE 108. CASSETTE 3 - FACE A

Exercice nº 1. *Écoutez:* (stylo) (or) *A vous:* Mon stylo est en or — (chaise) (métal chromé) Ma chaise est en métal chromé. (calculatrice) (plastique) Ma calculatrice est en plastique — (table) (verre) Ma table est en verre — (briquet) (argent) Mon briquet est en argent —(fauteuil) (cuir) Mon fauteuil est en cuir — (bibliothèque) (bois) Ma bibliothèque est en bois.

Exercice nº 2. *Écoutez:* (Vous déjeunez maintenant ?) *A vous:* **Non, je déjeunerai plus tard** — (Il travaille maintenant ?) **Non, il travaillera plus tard.**

(Je téléphone maintenant?) Non, vous téléphonerez plus tard — (Elles choisissent maintenant?) Non, elles choisiront plus tard — (Vous sortez maintenant?) Non, je sortirai plus tard — (J'écris maintenant?) Non, vous écrirez plus tard — (Ils partent maintenant?) Non, ils partiront plus tard.

Exercice n° 3. *Écoutez:* (Est-ce qu'il pleut?) *A vous:* Est-ce qu'il va pleuvoir? — (Est-ce qu'elles partent?) Est-ce qu'elles vont partir? — (Est-ce qu'il neige?) Est-ce qu'il va neiger? — (Est-ce que tu viens?) Est-ce que tu vas venir? — (Est-ce que vous allez au cocktail?) Est-ce que vous allez aller au cocktail? — (Est-ce que vous prenez rendez-vous?) Est-ce que vous allez prendre rendez-vous? — (Est-ce qu'ils choisissent un nouveau directeur?) Est-ce qu'ils vont choisir un nouveau directeur?

Exercice n° 4. *Écoutez:* (Cette femme est élégante?) *A vous:* Oui, c'est la plus élégante — (Ces enfants sont beaux?) Oui, ce sont les plus beaux.
(Ces meubles sont chers?) Oui, ce sont les plus chers — (Cette voiture est rapide?) Oui, c'est la plus rapide — (Ces voitures sont modernes?) Oui, ce sont les plus modernes — (Ce vendeur est dynamique?) Oui, c'est le plus dynamique — (Cet homme est fort?) Oui, c'est le plus fort.

Exercice n° 5. *Écoutez:* (Cette semaine, il fait chaud) (la semaine prochaine/froid) *A vous:* La semaine prochaine, il fera froid — (Cette année, je vais au Sénégal) (l'année prochaine/en Suède) L'année prochaine, j'irai en Suède.
(Cette fois-ci, nous prenons le train) (la prochaine fois/l'avion) La prochaine fois, nous prendrons l'avion — (Ce mois-ci, je suis à Paris) (le mois prochain/à Hong-Kong) Le mois prochain, je serai à Hong-Kong — (Aujourd'hui, il y a du vent) (demain/de la neige) Demain, il y aura de la neige — (Cette fois, il faut téléphoner) (la prochaine fois/écrire) La prochaine fois, il faudra écrire.

Exercice n° 6. *Écoutez:* (Je vais acheter cette calculatrice) *A vous:* Regardez la calculatrice que je vais acheter.
(Nous prendrons ces sièges) Regardez les sièges que nous prendrons — (Il va moderniser ces bureaux) Regardez les bureaux qu'il va moderniser — (Elle veut me donner ce stylo) Regardez le stylo qu'elle veut me donner — (Elle va m'acheter cette eau de toilette) Regardez l'eau de toilette qu'elle va m'acheter — (Je veux ce mobilier) Regardez le mobilier que je veux.

UNITÉ 3. JEUX 1. PAGES 110-111. CASSETTE 3 - FACE A

Écoutez: **« Complainte du progrès »**
chanté par Boris Vian.
Autrefois pour faire sa cour on parlait d'amour
Pour mieux prouver son ardeur on offrait son cœur
Maintenant c'est plus pareil, ça change, ça change
Pour séduire le cher ange, on lui glisse à l'oreille
Ah Gudule, viens m'embrasser et je te donnerai
Un frigidaire, un joli scooter
Un atomizer et du Dunlopillo
Une cuisinière avec un four en verre
Des tas de couverts et des pelles à gâteau
Une tourniquette pour faire la vinaigrette
Un bel aérateur pour bouffer les odeurs
Des draps qui chauffent, un pistolet à gauffres
Un avion pour deux et nous serons heureux
Autrefois s'il arrivait que l'on se querelle, l'air lugubre on s'en allait
En laissant la vaisselle
Maintenant que voulez-vous la vie est si chère
On dit rentre chez ta mère et on se garde tout
Ah Gudule, excuse-toi ou je reprends tout ça
Mon frigidaire, mon armoire à cuillers
Mon évier en fer et mon poêle à mazout
Mon cire-godasses, mon repasse-limaces
Mon tabouret à glace et mon chasse-filou
La tourniquette pour faire la vinaigrette
La ratatine-ordures et le coupe-friture
Et si la belle se montre encore rebelle
On la fiche dehors pour confier son sort
Au frigidaire, à l'efface-poussière
A la cuisinière, au lit qui est toujours fait
Au chauffe-savates, au canon à patates
A l'éventre-tomates, à l'écorche-poulet
Mais très très vite on reçoit la visite d'une tendre petite
Qui vous offre son cœur
Alors on cède car il faut qu'on s'entraide
Et l'on vit comme ça jusqu'à la prochaine fois.

Listen: **« The lament of progress »**
sung by Boris Vian.
In the old days, when you courted, you spoke of love
To show your ardour, you offered you heart
Now, everything's changed
If you want to seduce your loved one, you have to whisper in her ear
Oh, Gudule, come and kiss me and I'll give you
A fridge, a pretty scooter,
An atomizer and a Sleeprest mattress
A cooker and a glass-door oven
Loads of silverware and cake spatulas
A beater to make vinaigrette
A beautiful extractor to sniff out odours
Electric sheets, a waffle-maker
An aeroplane for two, and then we'll be happy
In the old days, you sometimes fought, and off you went with a gloomy look, leaving the dishes behind
Now, what can I say? The cost of living is so high
So you shout, go back to mother, Gudule and you keep everything for yourself
Say you're sorry, Gudule, or I'll take everything back
My fridge, my drawers full of cutlery
My stainless steel sink and my petrol stove
My shoe-shiner, my steam liner
My ice bucket and my pickpocket-nabber
My vinaigrette beater
The garbage disposer and the chip cutter
And if rebellion is still her answer
You'll throw her out serve her right!
And trust to
The fridge, the magic duster
The cooker, the bed that's never unmade
The slipper-heater, the potato peeler
The tomato chopper, the chicken de-boner
But not long after, a sweet young thing offers you her heart
And then you surrender to her, we all have to help each other
And so it goes, until the next time around.

Jeu n° 2. *Solutions.*
Across: 1. Frigidaire — 7. une — 8. scooter — 11. ton — 12. le — 13. amour — 15. il — 16. vaisselle — 19. tu — 21. cuisinière.
Down: 1. four — 2. île — 3. im — 4. avion — 5. rebelle — 6. en — 8. sous — 9. CNRS — 10. re — 11. toi — 13. avec — 14. ma — 15. il — 17. Etna — 18. lui — 20. fer — 22. un — 23. si — 24. et.

Location de voiture
**A Toulouse, dans une agence
de la société Europcar**

M. Peterkin : Je suis M. Peterkin de la société IPK. Ma secrétaire vous a envoyé un télex pour la location d'une voiture.
L'employé : C'est exact. Bonjour M. Peterkin. Nous vous avons réservé une Peugeot 505 SR. Ce modèle vous convient ?

M. Peterkin : Oui, c'est très bien.
L'employé : Voulez-vous signer ce formulaire, s'il vous plaît ?... Merci. Vous avez une assurance tous risques.
M. Peterkin : Parfait.
L'employé : Votre permis de conduire, je vous prie.
M. Peterkin : Le voilà.
L'employé : Et j'aurais besoin aussi de votre passeport.
M. Peterkin : Oui. Tiens ! Je ne le trouve pas. Je l'ai pris pourtant... Ah, le voilà !
L'employé : Si vous voulez bien me suivre jusqu'au parking, je vais vous donner votre voiture. Voilà les clés.
M. Peterkin : Trois clés ?
L'employé : Oui, la grande sert à ouvrir les portières et le coffre ; la moyenne, c'est la clé de contact et la petite, c'est pour le bouchon du réservoir d'essence.
M. Peterkin : Au fait, qu'est-ce que je prends comme essence ? De l'ordinaire ou du super ?
L'employé : Du super !
L'employé : Tenez, c'est la voiture blanche, là-bas, devant la pompe à essence...
. . . .
M. Peterkin : Il y a 4 ou 5 vitesses ?
L'employé : 5 vitesses.
M. Peterkin : Et ce petit bouton noir à gauche, il sert à quoi ?
L'employé : C'est pour les essuie-glaces, vous le tournez de gauche à droite.
M. Peterkin : D'accord. Et l'interrupteur rouge ici, qu'est-ce que c'est ?

L'employé : C'est l'interrupteur de dégivrage de la vitre arrière.
M. Peterkin : Et pour les phares, ça marche comment ?
L'employé : Vous tournez la manette qui est à gauche du volant !

M. Peterkin : Bon, ça va. Je peux la laisser demain soir à Grenoble ?

L'employé : Bien sûr ! A côté de l'agence, vous avez une station Shell ouverte toute la nuit. Vous pouvez laisser les clés au pompiste.

M. Peterkin : Entendu !
L'employé : Vous réglez maintenant ?
M. Peterkin : Oui. Je peux régler avec la carte « Diners club » ?

L'employé : Si vous voulez.

Répétez :
Votre permis de conduire, je vous prie.
Tiens ! Je ne le trouve pas.
Si vous voulez bien me suivre.
La petite, c'est pour le bouchon du réservoir.
Qu'est-ce que je prends comme essence ?
Et ce petit bouton noir à gauche, il sert à quoi ?
Qu'est-ce que c'est ?
A côté de l'agence, vous avez une station.
Je peux régler avec la carte « Diners club » ?

Hiring a car
**In a branch of the company Europcar
in Toulouse**

M. Peterkin: I'm Mr. Peterkin from I.P.K. My secretary sent you a telex for a car rental.
The employee: That's right, how do you do, Mr. Peterkin? We have reserved a Peugeot 505 SR for you. Does this model suit you?
M. Peterkin: Yes, it's fine.
The employee: Could you sign this form, please? Thank you. You have comprehensive motor insurance.
M. Peterkin: That's perfect.
The employee: Your driving license, please.
M. Peterkin: Here it is.
The employee: And I'll also need your passport.
M. Peterkin: Yes, that's funny, I can't find it. I'm sure I brought it with me. Ah, here it is!
The employee: If you'd like to follow me to the car park, I'll give you your car. Here are the keys.
M. Peterkin: Three keys?
The employee: Yes, the big one is for opening the doors and the boot; the medium-sized one is for the ignition, and the small one is for the petrol tank.
M. Peterkin: By the way, which grade of petrol should I use, standard or super?
The employee: Super.
The employee: Ah, it's the white car over there, in front of the petrol pump.
. . . .
M. Peterkin: Are there four or five gears?
The employee: Five gears.
M. Peterkin: And what's this little black button for?
The employee: It's for the windscreen wipers, you turn it from left to right.
M. Peterkin: I see. And what about the red switch here, what is it?
The employee: It's the switch for de-icing your back window.
M. Peterkin: And what about the headlights, how do they work?
The employee: You turn the lever on the left of the steering wheel.
M. Peterkin: Well, that's fine. Can I leave it in Grenoble tomorrow?
The employee: Certainly. Next to our branch, there's a Shell station open all night. You can leave the keys with the station attendant.
M. Peterkin: All right.
The employee: Would you like to pay now?
M. Peterkin: Yes, of course. Can I pay with my Diners' club card?
The employee: If you like.

Repeat:
Your driving license, please.
That's funny, I can't find it.
If you'd like to follow me.
The small one is for the petrol tank.
Which grade of petrol should I use?
And what's this little black button for?
What is it?
Next to our branch there's a station.
Can I pay with my Diners' club card?

Exercice n° 1. *Écoutez:*(Avec cette clé, on ouvre les portières?) *A vous:* Oui, elle sert à ouvrir les portières.
(Avec ce bouchon, on ferme le réservoir?) Oui, il sert à fermer le réservoir — (Avec cette clé, on met le contact?) Oui, elle sert à mettre le contact — (Avec ce bouton, on met le chauffage?) Oui, il sert à mettre le chauffage — (Avec cette manette, on allume les phares?) Oui, elle sert à allumer les phares — (Avec cette clé, on coupe le contact?) Oui, elle sert à couper le contact.

Exercice n° 2. *Écoutez:*(Vous donnez les clés au pompiste?) *A vous:* Oui, je les donne au pompiste — (Il a son passeport?) Oui, il l'a.
(Vous laissez la voiture à Grenoble?) Oui, je la laisse à Grenoble — (Vous fermez le bouchon du réservoir avec cette clé?) Oui, je le ferme avec cette clé — (Elle a son permis de conduire?) Oui, elle l'a — (Vous ouvrez les portières?) Oui, je les ouvre — (Il allume le chauffage?) Oui, il l'allume.

Exercice n° 3. *Écoutez:*(Vous ne trouvez pas votre passeport?) *A vous:* Non, je ne le trouve pas.
(Vous ne prenez pas cette voiture?) Non, je ne la prends pas — (Il n'a pas son permis de conduire?) Non, il ne l'a pas — (Vous ne connaissez pas la 505?) Non, je ne la connais pas — (Vous n'avez pas les clés?) Non, je ne les ai pas — (Il n'allume pas ses phares?) Non, il ne les allume pas — (Vous n'aimez pas ce modèle?) Non, je ne l'aime pas.

Exercice n° 4. *Écoutez:*(Il t'emmène au garage?) *A vous:* Oui, il m'emmène au garage.
(Je vous laisse à l'agence?) Oui, vous me laissez à l'agence — (Tu m'attends?) Oui, je t'attends — (Il me cherche?) Oui, il te cherche — (Il me paye en espèces?) Oui, il te paye en espèces — (Jacques et Micheline, ils vous suivent?) Oui, ils nous suivent.

Exercice n° 5. *Écoutez:*(Je vous laisse à Grenoble) *A vous:* Je ne vous laisse pas à Grenoble.
(Il m'emmène à Toulouse) Il ne m'emmène pas à Toulouse — (Vous me payez par chèque) Vous ne me payez pas par chèque — (Je vous attends) Je ne vous attends pas — (Elle te cherche) Elle ne te cherche pas — (Ils nous appellent souvent) Ils ne nous appellent pas souvent — (Nous te suivons) Nous ne te suivons pas.

Exercice n° 6. *Écoutez:*(Je prends de l'essence) *A vous:* Qu'est-ce que vous prenez comme essence?
(Il vend des voitures) Qu'est-ce qu'il vend comme voitures? — (Elle veut une assurance) Qu'est-ce qu'elle veut comme assurance? — (Il a une carte de crédit) Qu'est-ce qu'il a comme carte de crédit? — (Je loue une voiture) Qu'est-ce que vous louez comme voiture? — (Il y a plusieurs modèles) Qu'est-ce qu'il y a comme modèles?

Jeu n° 1. *Écoutez:*
1. Je voudrais une voiture sport. Il faut qu'elle tienne bien la route: j'ai beaucoup de kilomètres à faire.
2. Je voudrais une petite voiture. La moins chère que vous ayez. C'est combien la journée, s'il vous plaît?
3. Vous n'avez pas de vélos en meilleur état? Celui-là est vraiment très vieux.
4. Il me faut une très grande voiture. J'ai une grande famille. Vous prenez une carte de crédit, j'espère.

Jeu n° 2. *Solutions:*
From left to right: 8, 6, 1, 9, 7, 5, 4, 2, 3.

Take a break No. 1. *Listen:*
1. I would like a sports car. It's got to be reliable: I've got a lot of mileage to do.
2. I would like a small car. The cheapest you've got. How much is it per day, please?
3. Haven't you got any bicycles in better condition? That one is really too old.
4. I need a very big car. I have a big family. You take credit cards, I hope.

La préparation d'un congrès
Madame Girardot
organise une session de travail.

L'organisateur: Novotel, bonjour.
Mme Girardot: Bonjour Monsieur, je vous téléphone pour la réservation d'un salon; je veux organiser une session de travail de trois jours, pour 70 personnes, les 20, 21 et 22 octobre. Est-ce que vous avez une salle disponible à ces dates?
L'organisateur: Un instant, je vous prie, je regarde... j'ai le salon bleu qui est rectangulaire. Il fait 170 m²; c'est la taille idéale pour 70 personnes.

Mme Girardot: Et combien coûte la location de ce salon?
L'organisateur: Il fait 4 000 F TTC, sans repas.
Mme Girardot: On ne peut pas déjeuner sur place?
L'organisateur: Si, vous avez des menus « journées d'étude » qui sont servis dans un salon contigu.

Preparing a conference
Madame Girardot,
is organising a business conference.

Manager: Hello, can I help you?
Mme. Girardot: Hello, I'm ringing about reserving a conference room. I'd like to organise a three day business conference for seventy people on October 20, 21 and 22. Have you got a room free on those days?
Manager: One moment please, I'm checking. I've got the Blue Room, which is rectangular. It has a surface area of 170 square metres; it's the ideal size for 70 people.
Mme. Girardot: And how much does it cost to rent this room?
Manager: It costs 4,000 francs, tax included, but without meals.
Mme. Girardot: Can't we have lunch on the premises?
Manager: Yes, you can. We serve special conference lunches in an adjoining room.

Mme Girardot : Vous pouvez me donner les prix ?	*Mme. Girardot: Could you give me the prices?*
L'organisateur : Bien sûr. Nos menus sont à 150 F par personne (taxe et service compris).	*Manager: Certainly. Our lunches cost 150 francs per person, tax and service included.*
Mme Girardot : Pour l'hébergement, est-ce que vous auriez 40 chambres pour les 3 nuits des 20, 21 et 22 ?	*Mme. Girardot: Regarding sleeping accommodation, would you have forty bedrooms for the three nights of October 20, 21 and 22?*
L'organisateur : Une minute, s'il vous plaît... Je regarde les réservations... Oui, je les ai.	*Manager: One moment please, I'm checking the reservations. Yes, we have.*
Mme Girardot : Alors, vous me réservez le salon bleu et les 40 chambres, s'il vous plaît ; ma secrétaire vous confirmera par télex ; pour les repas, je verrai plus tard... Est-ce que vous pourriez m'envoyer une documentation avec un plan d'accès ?	*Mme. Girardot: Well, then, could you reserve the Blue Room and the forty bedrooms for me, please. My secretary will confirm by telex. As for the meals, I'll see about them later. Could you send me some brochures and a street map?*
L'organisateur : Bien sûr, je vous envoie notre brochure et j'attends votre télex. Vous pouvez me donner votre nom ?	*Manager: Certainly. I'll send you our brochure, and I'll wait for your telex. Could you give me your name, please?*
Mme Girardot : Madame Arlette Girardot, des laboratoires Mardomme.	*Mme. Girardot: Madame Arlette Girardot, from Mardomme laboratories.*
L'organisateur : Très bien, Madame Girardot. Quelle disposition voulez-vous pour les tables du salon ?	*Manager: All right, Mme. Girardot. How would you like the tables to be placed in the hall?*
Mme Girardot : J'aimerais une disposition de tables en U. C'est possible ?	*Mme. Girardot: I'd like the tables placed in a U shape. Is that possible?*
L'organisateur : Il n'y a pas de problème ; et vous souhaitez un équipement audiovisuel ?	*Manager: That's no problem. And would you like any audiovisual equipment?*
Mme Girardot : Euh... un magnétoscope, un écran, un projecteur de diapositives et si possible, deux micros.	*Mme. Girardot: Mm, a video, a screen, a slide projector, and, if possible, two microphones.*
L'organisateur : L'écran et les micros sont inclus dans le prix de la location, mais le magnétoscope et le projecteur sont facturés 800 F par jour.	*Manager: The screen and microphones are included in the rental fee, but we charge 800 francs a day for the video and projector.*
Mme Girardot : Très bien, c'est entendu.	*Mme. Girardot: That'll be fine.*

Répétez :

Je vous téléphone pour la réservation d'un salon.
Nos menus sont à 150 F par personne.
Une minute, s'il vous plaît.
Ma secrétaire vous confirmera par télex.
Bien sûr, je vous envoie notre brochure.
J'aimerais une disposition de tables en U.
L'écran et les micros sont inclus dans le prix de la location.
Très bien, c'est entendu.

Repeat:

I'm ringing about reserving a conference room.
Our lunches cost 150 francs per person.
One moment, please.
My secretary will confirm by telex.
Certainly, I'll send you our brochure.
I'd like the tables placed in a U shape.
The screen and microphones are included in the rental fee.
That'll be fine.

UNITÉ 3. PRATIQUE ORALE 3. PAGE 124. CASSETTE 3 - FACES A et B

Exercice n° 1. *Écoutez :* (salon bleu/rectangulaire/100 m² /1 000 F) *A vous :* Le salon bleu est rectangulaire, il fait 100 m² et coûte 1 000 F. (salon orange/rond/150 m² /1 500 F) Le salon orange est rond, il fait 150 m² et coûte 1 500 F — (salon jaune/ovale/100 m² /1 000 F) Le salon jaune est ovale, il fait 100 m² et coûte 1 000 F — (salon blanc/rectangulaire/250 m² /2 500 F) Le salon blanc est rectangulaire, il fait 250 m² et coûte 2 500 F.

Exercice n° 2. *Écoutez :* (Il téléphone à son client ?) *A vous :* Oui, il lui téléphone — (Le directeur écrit aux employés ?) Oui, il leur écrit. (La secrétaire dit bonjour à ses collègues ?) Oui, elle leur dit bonjour — (Le responsable donne les nouveaux tarifs à ses clients ?) Oui, il leur donne les nouveaux tarifs — (Pierre demande des renseignements à la réceptionniste ?) Oui, il lui demande des renseignements — (La vendeuse confirme par télex à l'acheteur ?) Oui, elle lui confirme par télex.

Exercice n° 3. *Écoutez :* (Vous me téléphonez à 11 heures ?) *A vous :* Oui, je vous téléphone à 11 heures — (Tu m'écris la semaine prochaine ?) Oui, je t'écris la semaine prochaine. (Monsieur Dumont, je vous adresse le télex ?) Oui, vous m'adressez le télex — (Mesdames, je vous envoie la brochure ?) Oui, vous nous envoyez la brochure — (Il te dit bonjour ?) Oui, il me dit bonjour — (Madame, nous vous confirmons la réservation ?) Oui, vous me confirmez la réservation.

Exercice n° 4. *Écoutez :* (Elle lui envoie la brochure.) *A vous :* Elle ne lui envoie pas la brochure. — (Je vous réserve le salon F) Je ne vous réserve pas le salon F. (Il lui téléphone) Il ne lui téléphone pas — (Je leur confirme par télex) Je ne leur confirme pas par télex — (Vous me donnez votre clé) Vous ne me donnez pas votre clé — (Il nous facture les magnétoscopes) Il ne nous facture pas les magnétoscopes.

Exercice n° 5. *Écoutez :* (Je vais parler aux ingénieurs) *A vous :* Je vais leur parler — (Il va inviter les responsables) Il va les inviter. (Nous allons essayer cette calculatrice) Nous allons l'essayer — (Je vais téléphoner au comptable) Je vais lui téléphoner — (Vous allez acheter cette machine) Vous allez l'acheter — (Nous allons écrire à ces jeunes filles) Nous allons leur écrire — (Elle va donner sa carte de visite) Elle va la donner.

Exercice n° 6. *Écoutez :* (Je voudrais un plan d'accès) *A vous :* Est-ce que vous pourriez me donner un plan d'accès ? (Nous voudrions un renseignement) Est-ce que vous pourriez nous donner un renseignement ? — (Le client voudrait une carte de visite) Est-ce que vous pourriez lui donner une carte de visite ? — (Les représentants voudraient votre nom) Est-ce que vous pourriez leur donner votre nom ? — (Je voudrais le prix du salon F) Est-ce que vous pourriez me donner le prix du salon F ? — (Le directeur voudrait son billet d'avion) Est-ce que vous pourriez lui donner son billet d'avion ? — (Nous voudrions l'adresse de l'hôtel) Est-ce que vous pourriez nous donner l'adresse de l'hôtel ?

Jeu n° 1. *Écoutez:*
1. Est-ce que vous auriez... voyons, quelque chose de, environ 20 chambres ? J'aimerais aussi un jardin d'au moins 10 hectares, si possible pas trop loin de Paris. Ah, oui... est-ce que vous pouvez me donner le prix ?

2. Je voudrais m'éloigner de tout pendant un certain temps. J'aimerais quelque chose d'assez modeste : une grande pièce avec une cheminée.
3. Est-ce que vous avez quelque chose d'au moins 100 m², dans le centre ville si possible ? J'aimerais beaucoup avoir un balcon et une cheminée... L'île St-Louis ? Oui, j'aimerais le voir.

4. Pourriez-vous me trouver quelque chose dans le cinquième ? Oui... pas plus de 2 000 francs par mois. Juste pour une personne. Merci.

Jeu n° 2. *Solutions.*
Accross : 1. location — 4. arrhes — 6. robe — 7. par — 8. leur — 9. les.
Down : 1. louer — 2. chambres — 3. tard — 5. écran — 8. le.

Jeu n° 3. *Solutions :*
projector, paper, home computer, table, button, screen, board, living-room, pens, room.

Take a break No. 1. *Listen:*
1. Would you have, let's see, something with about twenty bedrooms? I'd also like a garden of at least ten hectares, if possible not too far from Paris. Ah, yes, could you tell me the price?
2. I'd like to get away from it all for a while. I'd like something rather modest: a large room with a fireplace.
3. Have you got anything with a surface area of at least 100 square metres, in the city centre if possible? I'd very much like to have a balcony and a fireplace. L'Ile St. Louis? Yes, I'd like to see it.
4. Could you find me something in the fifth arrondissement? Yes... no more than 2,000 francs per month. Just for one person. Thank you.

Projets de vacances
Dans une agence de voyages,
Mme Delmas se renseigne
sur les possibilités de séjour aux Antilles.

Mme Delmas : Bonjour Monsieur.
L'agent : Bonjour Madame, je peux vous renseigner ?
Mme Delmas : Oui, je voudrais aller en vacances aux Antilles.

L'agent : En voyage organisé ?
Mme Delmas : Non, pas de voyage organisé ; je préférerais aller à l'hôtel... ou louer une maison.
L'agent : Vous êtes combien ?
Mme Delmas : Quatre : mon mari, mes deux enfants et moi-même.

L'agent : Vos enfants ont quel âge ?
Mme Delmas : 14 et 16 ans.
L'agent : Et vous voulez partir quand ?
Mme Delmas : Pendant les vacances de Pâques, deux semaines si possible.

L'agent : Je peux vous proposer l'Hôtel du Parc à Fort-de-France ; il est juste en bordure de plage.
Mme Delmas : C'est un bon hôtel ?
L'agent : Oh oui, il est très bien ; c'est un 4 étoiles. Il y a une piscine et une discothèque. Vous pouvez jouer au tennis et faire du cheval.

Mme Delmas : Et comment sont les chambres ?
L'agent : Toutes les chambres ont une salle de bains ; elles sont toutes climatisées, elles donnent sur la mer. Elles sont assez grandes et, bien entendu, vous avez le téléphone et la télévision.
Mme Delmas : Ah oui... Très bien ! Et qu'est-ce que vous avez comme location ?
L'agent : Nous avons une maison de campagne qui se trouve en plein milieu d'un jardin tropical. Elle se compose d'un séjour, d'une chambre double avec salle de bains et de deux chambres simples ; la cuisine est entièrement équipée : réfrigérateur, congélateur, cuisinière électrique. Elle est à 10 km à l'est de Pointe-à-Pitre et à 5 km d'une très belle plage de sable fin où on peut faire de la voile.
Mme Delmas : Oui, c'est bien... mais trop loin de la mer !

Holiday plans
In a travel agency,
Mme. Delmas is finding out about
different kinds of accommodation in the West Indies.

Mme. Delmas: Good morning.
Travel agent: Good morning, can I help you?
Mme. Delmas: Yes, I'd like to spend a holiday in the West Indies.
Travel agent: On a package tour?
Mme. Delmas: No, not a package tour. I'd prefer to go to a hotel, or rent a house.
Travel agent: For how many people?
Mme. Delmas: Four: my husband, my two children, and myself.
Travel agent: How old are your children?
Mme. Delmas: Fourteen and sixteen.
Travel agent: When would you like to leave?
Mme. Delmas: During the Easter holidays, for two weeks if possible.
Travel agent: I can offer you L'Hôtel du Parc, in Fort de France; it's right on the beach.
Mme. Delmas: Is it a good hotel?
Travel agent: Oh, yes, it's very nice; it's a four-star hotel. There's a swimming-pool and a discothèque. You can play tennis and go horse-riding.
Mme. Delmas: And what are the rooms like?
Travel agent: All the rooms have a private bath; they're all air-conditioned and face the sea. They're quite big, and, of course, there's a telephone and a television.
Mme. Delmas: I see. Right. And what do you have in the way of rentals?
Travel agent: We have a country house which is right in the middle of a tropical garden. It has a living-room, a large bedroom and bathroom, and two small bedrooms; the kitchen is completely furnished: refrigerator, freezer, electric cooker. It's ten kilometres east of Pointe-à-Pitre and five kilometres from a beautiful sandy beach where you can go sailing.
Mme. Delmas: Yes, that's very nice, but too far from the sea.

L'agent : Mais c'est tranquille. Sinon nous en avons une autre qui est située à proximité de Fort-de-France ; celle-là est à deux pas des plages, elle n'a que deux chambres. L'aéroport est à côté, il y a du bruit et donc ce n'est pas cher.
Mme Delmas : Je suppose que celle de Pointe-à-Pitre est très chère.

L'agent : Assez, oui !
Mme Delmas : Bon ! Je vais réfléchir…

Répétez :
Je voudrais aller en vacances aux Antilles.
Vous êtes combien ?
Vos enfants ont quel âge ?
Je peux vous proposer l'Hôtel du Parc.
Et comment sont les chambres ?
Vous avez le téléphone et la télévision.
C'est bien… mais trop loin de la mer !
L'aéroport est à côté.

Travel agent: But it's very quiet. Otherwise, we have another one that's situated near Fort-de-France; it's right next to the beach, but it only has two bedrooms. The airport is nearby, it's noisy, so it's not expensive.
Mme. Delmas: I suppose the one in Pointe-à-Pitre is very expensive.
Travel agent: I'm afraid so.
Mme. Delmas: I'll think it over.

Repeat:
I'd like to spend a holiday in the West Indies.
For how many people?
How old are your children?
I can offer you l'Hôtel du Parc.
And what are the rooms like?
There's a telephone and a television.
That's very nice, but too far from the sea.
The airport is nearby.

UNITÉ 3. PRATIQUE ORALE 4. PAGE 132. CASSETTE 3 - FACE B

Exercice nº 1. *Écoutez:* (loin) *A vous:* L'hôtel est loin de la plage - (à 4 km) L'hôtel est à 4 km de la plage.
(à deux pas) L'hôtel est à deux pas de la plage - (à proximité) L'hôtel est à proximité de la plage - (au sud) L'hôtel est au sud de la plage - (près) L'hôtel est près de la plage - (à l'est) L'hôtel est à l'est de la plage - (à 10 mn à pied) L'hôtel est à 10 mn à pied de la plage - (à côté) L'hôtel est à côté de la plage - (en face) L'hôtel est en face de la plage.

Exercice nº 2. *Écoutez:* (hôtel 4 étoiles - 60 chambres - plage 2 km) *A vous:* C'est un hôtel 4 étoiles de 60 chambres qui se trouve à 2 km de la plage.
(hôtel 3 étoiles - 40 chambres - aéroport 15 mn) C'est un hôtel 3 étoiles de 40 chambres qui se trouve à 15 mn de l'aéroport - (hôtel 4 étoiles - 25 chambres - plage en face) C'est un hôtel 4 étoiles de 25 chambres qui se trouve en face de la plage - (hôtel 2 étoiles - 32 chambres - centre ville 5 mn) C'est un hôtel 2 étoiles de 32 chambres qui se trouve à 5 mn du centre ville.

Exercice nº 3 *Écoutez:* (Mon fils a 15 ans) *A vous:* Votre fils a quel âge ? — (la chambre fait 350 F) La chambre fait combien ?
(Je pars le 17 décembre) Vous partez quand ? — (Ils sont cinq) Ils sont combien ? — (Les chambres sont très confortables) Les chambres sont comment ?
— (Elle va à Singapour) Elle va où ? — (Je viens de Rome) Vous venez d'où ? — (Il est six heures et demie) Il est quelle heure ? — (Nous cherchons M. Lefranc) Vous cherchez qui ?

Exercice nº 4 *Écoutez:* (La maison de Pointe-à-Pitre fait 5 500 F la semaine) *A vous:* Et celle de Fort-de-France ?
(L'hôtel de Pointe-à-Pitre a une piscine privée) Et celui de Fort-de-France ? — (Les plages de Pointe-à-Pitre sont très belles) Et celles de Fort-de-France ?
— (Les restaurants de Pointe-à-Pitre sont excellents) Et ceux de Fort-de-France ? — (La cuisine de Pointe-à-Pitre est très bonne) Et celle de Fort-de-France ? (L'aéroport de Pointe-à-Pitre est loin du centre) Et celui de Fort-de-France ?

Exercice nº 5 *Écoutez:* (Vous jouez au tennis) *A vous:* Vous jouez bien au tennis — (C'est un hôtel) C'est un bon hôtel.
(Il ne travaille pas) Il ne travaille pas bien — (Vous trouverez beaucoup de restaurants) Vous trouverez beaucoup de bons restaurants — (J'ai vu un film) J'ai vu un bon film — (Il n'y a pas de discothèque) Il n'y a pas de bonne discothèque — (Il comprend le français) Il comprend bien le français.

Exercice nº 6 *Écoutez:* (Je suis dans cet hôtel) *A vous:* Voilà l'hôtel où je suis.
(Les enfants font de la voile dans ce club) Voilà le club où les enfants font de la voile — (Il déjeune dans ce restaurant) Voilà le restaurant où il déjeune — (Nous passons nos vacances dans ce pays) Voilà le pays où nous passons nos vacances — (Vous achetez vos billets dans cette agence) Voilà l'agence où vous achetez vos billets — (Je passe mes nuits dans cette discothèque) Voilà la discothèque où je passe mes nuits.

UNITÉ 3. JEUX 4. PAGES 134-135. CASSETTE 3 - FACE B

Jeu nº 1. *Écoutez:*
1. — Bonjour, Madame. Je peux vous renseigner ?
— Oui, Monsieur. Je veux partir en vacances, mais je n'aime pas rester toute la journée sans rien faire. J'aime la nature, j'aime la chaleur, les grands espaces, mais je n'aime pas beaucoup les gens. Qu'est-ce que vous me proposez ? *(Tunisie: la mer de sable)*
2. — Oui, Monsieur ?
— Je veux partir en vacances !
— Oui, Monsieur. Aimez-vous les vacances à la neige ?
— Oh, ça, alors non ! Je n'aime pas la neige. En plus, je n'aime pas le sport. Non, je ne suis pas du tout sportif !
— Alors, qu'est-ce que vous aimez faire, Monsieur ?
— Rien. Absolument rien ! *(Tahiti)*

Take a break No. 1. *Listen:*
1. Travel agent: Hello, can I help you?
Elderly woman: Yes, please. I want to take a holiday, but I don't like spending the day doing nothing. I like nature, heat, wide open spaces but I'm not keen on people. What can you offer me? (Tunisia, the sea of sand)
2. Travel agent: Sir?
35 year-old man: I want to take a holiday.
Travel agent: Well, do you like skiing holidays?
Man: Oh no, not that! I don't like snow. What's more, I don't like sports. No, I'm not at all athletic!
Travel agent: Well, what do you like doing, sir?
Man: Nothing. Absolutely nothing! (Tahiti)

3. — Bonjour. Nous voulons prendre des vacances au mois de juillet.
— Août.
— Pardon, août, mais nous avons un petit problème.
— Un grand problème.
— Un problème. Ma femme, elle est... comment dire ? — très active.
— Oui, je suis très active.
— Et elle n'aime pas rester toute la journée sur la plage. Et moi, j'ai horreur du sport, et j'aime bien me faire bronzer. Qu'est-ce que vous nous proposez ? (Club Rex)
4. — Bonjour Monsieur. Je voudrais offrir à mes beaux-parents les vacances de leur vie.
— Ah, vous êtes très gentille, Madame.
— Oui, ils ne sont pas très jeunes, et ils ne sont pas très actifs.
— Oui, oui, alors des vacances très calmes...
— Ah, non, non, non. Je crois qu'ils ont besoin de faire un peu de sport. Et ils adorent la neige... Qu'est-ce que c'est cette petite brochure-là ? (Au cœur des Alpes)

Jeu n° 2. Solutions.
Chère Maman,
Ici nous ne pouvons jamais nous reposer. Je suis fatigué de nager, de jouer au volleyball et de faire du cheval. Peux-tu venir me chercher ?
Embrasse tout le monde,
Jacques

Salut !
Il fait très beau. La mer est bleue, les gens sont très sympathiques. C'est le bonheur !
Bises,
Martine

Chers amis,
Nous sommes dans un merveilleux hôtel quatre étoiles avec piscine où je me baigne toute la journée, et deux courts de tennis. Il y a aussi une belle plage. Mais il y a des requins alors je les regarde de loin !
A bientôt,
Pierre

3. Man (with his wife): Hello. We want to take a holiday in July.
Woman: August.
Man: Pardon, August, but we have a slight problem.
Woman: A big problem.
Man: A problem. My wife is, how shall I put it, very active.
Woman: Yes, I'm very active.
Man: And she doesn't like spending the whole day on the beach. As for me, I can't stand sports, and I enjoy sunbathing. What can you offer us? (Club Rex)
4. Sophisticated woman: Hello. I'd like to give my in-laws the holiday of their lives.
Travel agent: Ah, that's very kind of you.
Woman: Yes, they're not very young, nor very active.
Travel agent: Yes, yes. Well then, a very quiet holiday.
Woman: Oh, no. I think they can do with a little sport. And they adore snow. What's that little brochure over there? (In the heart of the Alps)

Dear Mum,
We can never relax here. I'm tired from swimming, playing volleyball and horse-riding. Can you come and get me?
Give everyone my love,
Jacques

Hi!
The weather's really nice. The sea is blue, the people are very friendly. What happiness!
Love,
Martine

Dear friends,
We're in a wonderful four-star hotel with a pool where I swim all day, and two tennis courts. There's also a beautiful beach, but there are sharks, so I watch them from a distance.
See you soon,
Pierre

Écrits de la rue
Modes d'emploi

Parcmètre
Insérez la monnaie jusqu'à l'obtention du temps de stationnement désiré. Appuyez sur le bouton « ticket ». Prenez votre ticket et affichez-le (lisible de l'extérieur) derrière le pare-brise de votre voiture. En cas de panne, prenez votre ticket à l'autre horodateur ou adressez-vous au 46.30.54.27.
Tarif :   1 heure - 5 francs
          2 heures - 10 francs
Temps de stationnement maximum autorisé : 2 heures.
Cet appareil n'accepte que les pièces de 1 F, 2 F, 5 F, 10 F.
Photo d'identité.
Pour faire une photo d'identité :
• Dégagez le rideau du fond.
• Réglez le siège pour que votre visage se reflète dans la glace ; voyant vert allumé, introduisez votre monnaie : 10 F, 5 F.
• Appuyez.
Cabine téléphonique
Cette cabine peut être appelée à ce numéro : 48.80.30.21.

tarif : 1re impulsion, 1 F
tarif réduit : voir le tableau
pour les numéros : consulter l'annuaire
renseignements : 12
service d'urgence : 18
pompiers : 18

Street signs
Instructions

Parking-meter
Insert coins until you obtain the required parking time. Press the « ticket » button. Display the ticket (legible from outside) behind the wind-screen of the car. In case of malfunction, obtain your ticket from another distributor or dial 46.30.54.27.
Price: one hour/five franc, two hours/ ten franc.
Maximum parking-time allowed: two hours.
This machine takes one franc, two franc, five franc and ten franc coins.
Identity photograph
To have your identity photograph taken:
• Pull the back curtain across
• Adjust the seat so that your face can be seen in the mirror. When the green light is on insert your coins: 10 francs, 5 francs.
• Press the button.
Phone-box
This phone-box can be called on the following number: 48.80.30.21.

price: 1st signal 1 F
reduced price: consult the chart
for telephone numbers: consult the directory
directory enquiries: 12
emergency: 18
fire: 18

police: 17
SAMU : 45.67.50.50.
En cas de dérangement, signalez-le en appelant le 13 à partir d'un autre poste ; la communication est gratuite.
Cet appareil fonctionne uniquement avec une télécarte.
Vous devez d'abord introduire la carte et, seulement ensuite, composer le numéro de votre correspondant.
La télécarte est en vente dans les agences commerciales des Télécommunications, dans les bureaux de poste ainsi que dans les bureaux de tabac.
Comment téléphoner
• Pour Paris/région parisienne, il faut faire le numéro à 8 chiffres de votre correspondant
• Pour la province, il faut faire le 16, puis le numéro à 8 chiffres de votre correspondant
• International avec la télécarte
Introduire la télécarte, composer le 19, l'indicatif du pays et le numéro de votre correspondant. Pour avoir le numéro d'un correspondant, appeler l'opérateur : 19. 33 + indicatif du pays

Sur l'appareil
Décrochez
_____
Introduire la carte ou faire le numéro d'urgence
_____
Fermez le volet, s'il vous plaît
_____
Crédit 30,80 F
_____
Numérotez
_____
Patientez s'il vous plaît
_____
Numéro appelé...
_____
Crédit 21 F
_____
Raccrochez
_____
Retirez votre carte

police: 17
ambulance: 45.67.50.50
In case of malfunction, let us know by dialling 13 from another telephone; the call is free.
This machine only works with a phone-card.
You must first insert the card and then dial the number of the person you wish to call.
The phone-card is on sale in all Telecom business offices, as well as post offices and tobacconists.
How to phone
For Paris/Parisian metropolitan area, you must dial an eight-digit number.
For the provinces: you must first dial « 16 », then an eight-digit number.
International with the phone-card:
Insert your phone-card. First dial « 19 », then the country code, then the number of the person you wish to call.
How to obtain a phone number.
Call the international operator: 19   33 + the country code.
Pick up the receiver
_____
Insert your card or dial the emergency number
_____
Close the slot, please.
_____
You have a credit of 30,80 F (on your card)
_____
Dial the number
_____
Hold on, please.
_____
The number dialled is...
_____
You have a credit of 21 francs
_____
Put down the receiver
_____
Remove your card

UNITÉ 3. PRATIQUE ORALE 5. PAGE 140. CASSETTE 3 - FACE B

Exercice n° 1 *Écoutez:*(Introduisez votre carte !)) *A vous:* Il faut introduire votre carte.
(Faites le numéro de votre correspondant !) Il faut faire le numéro de votre correspondant — (Mettez deux pièces de 1 franc !) Il faut mettre deux pièces de 1 franc — (Faites l'appoint !) Il faut faire l'appoint — (Prenez votre ticket à l'autre distributeur !) Il faut prendre votre ticket à l'autre distributeur — (Adressez-vous aux renseignements !) Il faut vous adresser aux renseignements — (Consultez l'annuaire !) Il faut consulter l'annuaire.

Exercice n° 2 *Écoutez:*(J'appelle l'opérateur ?) *A vous:* Oui, appelez-le.
(J'introduis les pièces ?) Oui, introduisez-les — (Je retire la carte ?) Oui, retirez-la — (Je garde les tickets ?) Oui, gardez-les — (Je prends la photo ?) Oui, prenez-la — (Je fais le 16 ?) Oui, faites-le — (Je laisse la monnaie ?) Oui, laissez-la.

Exercice n° 3 *Écoutez:*(Ce téléphone fonctionne seulement avec une télécarte) *A vous:* Ce téléphone ne fonctionne qu'avec une télécarte.
(Cet appareil accepte seulement les pièces de 1 franc) Cet appareil n'accepte que les pièces de 1 franc — (Cette voiture roule seulement avec du super) Cette voiture ne roule qu'avec du super — (Le stationnement est autorisé seulement le dimanche) Le stationnement n'est autorisé que le dimanche — (Le numéro fait seulement 8 chiffres) Le numéro ne fait que 8 chiffres.

Exercice n° 4 *Écoutez:*(Je règle le siège ?) *A vous:* Non, ne le réglez pas maintenant — (J'introduis la carte ?) Non, ne l'introduisez pas maintenant.
(Je mets la pièce ?) Non, ne la mettez pas maintenant — (Je fais les huit chiffres ?) Non, ne les faites pas maintenant — (Je tire le rideau ?) Non, ne le tirez pas maintenant — (Je compose le numéro ?) Non, ne le composez pas maintenant — (Je prends les billets ?) Non, ne les prenez pas maintenant.

Exercice n° 5 *Écoutez:*(Ne vous adressez pas à ce bureau) *A vous:* Mais si, adressez-vous à ce bureau !
(Ne vous asseyez pas sur ce siège) Mais si, asseyez-vous sur ce siège ! — (Ne vous présentez pas à la réception) Mais si, présentez-vous à la réception ! — (Ne vous levez pas tôt) Mais si, levez-vous tôt ! — (Ne vous baignez pas ici) Mais si, baignez-vous ici !

Exercice n° 6 *Écoutez:*(J'introduis la monnaie ?) *A vous:* Oui, vous devez l'introduire.
(Il affiche son ticket ?) Oui, il doit l'afficher — (Elle compose le 19 ?) Oui, elle doit le composer — (Je mets les pièces ?) Oui, vous devez les mettre — (Elle retire la télécarte ?) Oui, elle doit la retirer — (Je fais les huit chiffres ?) Oui, vous devez les faire.

Écoutez: **« Les amoureux des bancs publics »**
chanté par Georges Brassens.

Les gens qui voient de travers pensent que les bancs verts
Qu'on voit sur les trottoirs
Sont faits pour les impotents ou les ventripotents
Mais c'est une absurdité car à la vérité ils sont là c'est notoire
Pour accueillir quelque temps les amours débutants
Les amoureux qui se bécotent sur les bancs publics (ter)
En se foutant pas mal du regard oblique des passants honnêtes
Les amoureux qui se bécotent sur les bancs publics (ter)
En se disant des je t'aime pathétiques
Ont des petites gueules bien sympathiques
Ils se tiennent par la main parlent du lendemain du papier bleu d'azur
Que revêtiront les murs de leur chambre à coucher
Ils se voient déjà doucement elle cousant lui fumant dans un bien-être sûr
Et choisissent les prénoms de leur premier bébé

Les amoureux qui se bécotent sur les bancs publics (ter)
En se foutant pas mal du regard oblique des passants honnêtes
Les amoureux qui se bécotent sur les bancs publics (ter)
En se disant des je t'aime pathétiques
Ont des petites gueules bien sympathiques
Quand la sainte famille machin croise sur son chemin
Deux de ces mal appris
Elle leur décroche hardiment des propos venimeux
N'empêche que toute la famille, le père, la mère, la fille
Le fils, le Saint-Esprit
Voudraient bien de temps en temps pouvoir se conduire comme eux

Les amoureux qui se bécotent sur les bancs publics (ter)
En se foutant pas mal du regard oblique des passants honnêtes
Les amoureux qui se bécotent sur les bancs publics (ter)
En se disant des je t'aime pathétiques
Ont des petites gueules bien sympathiques
Quand les mois auront passé, quand seront apaisés
Leurs beaux rêves flambants
Quand leur ciel se couvrira de gros nuages lourds
Ils s'apercevront émus que c'est au hasard des rues
Sur un de ces fameux bancs
Qu'ils ont vécu le meilleur morceau de leur amour
Les amoureux qui se bécotent sur les bancs publics (ter)
En se foutant pas mal du regard oblique des passants honnêtes
Les amoureux qui se bécotent sur les bancs publics (ter)
En se disant des je t'aime pathétiques
Ont des petites gueules bien sympathiques (ter)

Deux façons de parler

Enfin les vacances !
Quel est votre projet ?
Je prends des livres, ma voiture et je m'en vais.
Où allez-vous ?
En Grèce. Je connais un endroit extraordinaire, avec des gens sympathiques. Voulez-vous venir ? Nous allons nous amuser.
Ce serait bien, mais je n'ai plus d'argent et je ne vois pas comment en trouver.

Listen: **« Park bench lovers »**
sung by Georges Brassens.

Some people are under the false impression that the green benches in parks and in the street
Were put there for invalids or for the old and grey
But that's ridiculous because as everyone knows
Their purpose is to welcome incipient loves
Lovers who kiss and embrace on park benches
Ignoring the sideways glances of honest passersby
Lovers who kiss and embrace on park benches
While whispering sweet nothings have nice kind faces
They hold hands, talk of the morrow when their bedrooms will be papered in azure blue
They see themselves as they will be then: she, sewing calmly, he, smoking, ensconced in their future happiness
They see themselves choosing a name for their first baby

Lovers who kiss and embrace on park benches
Ignoring the sideways glances of honest passersby
Lovers who kiss and embrace on park benches
While whispering sweet nothings have nice kind faces
When a respectable family crosses the path of these badly behaved park bench lovers
It spits out a few unkind words
But the fact remains that the whole family, father, mother, son, daughter and the Holy Ghost
Would give their eye-teeth to be able, once in a while, to be like them

Lovers who kiss and embrace on park benches
Ignoring the sideways glances of honest passersby
Lovers who kiss and embrace on park benches
While whispering sweet nothings have nice kind faces
And as the months go by, when their passionate dreams will have quietened down
As the sky above them becomes covered in grey clouds
They'll realize with a pang that it was while wandering round the streets, stopping at the famous park benches
That they had the best moments of their love affair
Lovers who kiss and embrace on park benches
Ignoring the sideways glances of honest passersby
Lovers who kiss and embrace on park benches
While whispering sweet nothings have nice kind faces

Street talk - Straight talk

At last, the holidays!
What are your plans?
I'm taking some books, my car and I'm going away...
Where are you going?
To Greece. I know an amazing place, with really nice people. Do you want to come? We'll have fun!
That would be great, but I haven't got any money left and I don't know how to get any.

UNITÉ 4 / UNIT 4

Un déjeuner d'affaires
Monsieur Lefort,
P.-D.G. d'une société d'électronique lyonnaise,
a invité un client américain à déjeuner.

Le maître d'hôtel : Bonjour, Monsieur, vous avez réservé ?
M. Lefort : Oui, une table pour deux au nom de la société Ecel.
Le maître d'hôtel : Vous avez choisi, Messieurs ?
M. Lefort : Non, pas encore. Qu'est-ce qu'il y a dans votre salade terre et mer ?
Le maître d'hôtel : Du canard, des épinards, des truffes ; voilà pour la terre ! Et pour la mer, une coquille Saint-Jacques, un filet de sole, une langoustine ; le tout arrosé de vinaigre de framboise.

M. Sullivan : Ça a l'air délicieux. Je crois que je vais essayer.
M. Lefort : Parfait, alors... une salade terre et mer en entrée... Non, deux, je vais prendre la même chose.
Le maître d'hôtel : Et ensuite ?
M. Lefort : Qu'est-ce qu'on pourrait prendre ?
Le maître d'hôtel : Aujourd'hui, nous avons du bar à l'oseille.

M. Sullivan : Du bar à l'oseille ? Comment est-ce que ça se dit en anglais ?

M. Lefort : Je ne sais pas du tout ; le bar, c'est un poisson qu'on appelle aussi loup de mer ; c'est délicieux ! Et l'oseille, ça ressemble aux épinards mais c'est plus acide.
M. Sullivan : Bon, alors je vais goûter.
M. Lefort : Moi, je voudrais un filet de bœuf.
Le maître d'hôtel : Vous le voulez comment ?
M. Lefort : Saignant, s'il vous plaît.
Le maître d'hôtel : Vous prendrez un dessert ?
M. Lefort : Nous verrons après.
Le maître d'hôtel : Que désirez-vous boire ?
M. Lefort : Vous pouvez nous conseiller ?
Le maître d'hôtel : Oui, en vin blanc nous avons deux excellents vins, un Sancerre et un Châblis. Comme vin rouge, je vous recommande le Pommard, c'est notre meilleur Bourgogne.
M. Lefort : Alors, vous nous donnerez une bouteille de Sancerre et une demie de Pommard.
Le maître d'hôtel : Vous voulez un apéritif ?
M. Sullivan : Non merci, ce n'est pas la peine.

Répétez :
Ça l'air délicieux.
Aujourd'hui, nous avons du bar à l'oseille.
Je ne sais pas du tout.
Moi, je voudrais un filet de bœuf.
Vous le voulez comment ?
Vous pouvez nous conseiller ?
C'est notre meilleur Bourgogne.
Vous voulez un apéritif ?
Non merci, ce n'est pas la peine.

A business lunch
Monsieur Lefort,
managing director of an electronics firm in Lyon,
has invited an American customer to lunch.

The maître d': Good afternoon, sir, have you got a reservation?
Mr. Lefort: Yes, a table for two in the name of Ecel.
The maître d': Have you decided, gentlemen?
Mr. Lefort: No, not yet. What's in your "land and sea" salad?

The maître d': There's duck, spinach, and truffles; that takes care of the land. Now for the sea: a scallop, fillet of sole, a giant prawn. The whole thing is then sprinkled with raspberry vinegar.
Mr. Sullivan: It sounds delicious. I think I'll try it.
Mr. Lefort: Splendid, then one "land and sea" salad as a first course... no, two. I'll have the same.
The maître d': And to follow?
Mr. Lefort: What shall we have?
The maître d': Today we have «du bar à l'oseille».
Mr. Sullivan: «Du bar à l'oseille»? How do you say that in English?*
Mr. Lefort: I have no idea. «Le bar» is a fish that's also called «loup de mer»; it's delicious. And «l'oseille» is like spinach but a bit sharper.
Mr. Sullivan: Right, well, I'll try it.
Mr. Lefort: I'd like a fillet steak.
The maître d': How would you like it?
Mr. Lefort: Rare, please.
The maître d': Would you like dessert?
Mr. Lefort: We'll see later.
The maître d': What would you like to drink?
Mr. Lefort: Could you recommend something?
The maître d': Yes, of course. Amongst the whites we have two excellent wines, a Sancerre and a Chablis. As for the reds, I can recommend the Pommard, it's our best Burgundy.
Mr. Lefort: Well then, could you bring us a bottle of Sancerre, and half a bottle of Pommard.
The maître d': Would you like a drink before your meal?
Mr. Sullivan: No, thank you, that won't be necessary.
* sea bass with sorrel.

Repeat:
It sounds delicious
Today we have «du bar à l'oseille».
I have no idea.
I'd like a fillet steak.
How would you like it?
Could you recommend something?
It's our best Burgundy.
Would you like a drink before your meal?
No, thank you, that won't be necessary.

Exercice n° 1 *Écoutez :*(Qu'est-ce qu'il y a dans votre salade ?) (canard) *A vous :* Il y a du canard.
(épinards) Il y a des épinards — (truffes) Il y a des truffes — (fromage) Il y a du fromage — (crème) Il y a de la crème — (vinaigre) Il y a du vinaigre — (huile) Il y a de l'huile.

Exercice n° 2 *Écoutez:*(Vous voulez aussi de l'eau?) (une carafe) *A vous:* Oui, donnez-moi une carafe d'eau.
(Vous voulez aussi du Sancerre?) (une bouteille) Oui, donnez-moi aussi une bouteille de Sancerre — (Vous voulez aussi du vin?) (un litre) Oui, donnez-moi un litre de vin — (Vous voulez aussi de la bière?) (un verre) Oui, donnez-moi un verre de bière — (Vous voulez aussi du sucre?) (un kilo) Oui, donnez-moi un kilo de sucre — (Vous voulez aussi des allumettes?) (une boîte) Oui, donnez-moi une boîte d'allumettes — (Vous voulez aussi des cigarettes?) (un paquet) Oui, donnez-moi un paquet de cigarettes.

Exercice n° 3 *Écoutez:*(pain) *A vous:* S'il vous plaît, est-ce que je pourrais avoir du pain?
(apéritif) S'il vous plaît, est-ce que je pourrais avoir un apéritif? — (moutarde) S'il vous plaît, est-ce que je pourrais avoir de la moutarde? — (verre de vin) S'il vous plaît, est-ce que je pourrais avoir un verre de vin? — (eau) S'il vous plaît, est-ce que je pourrais avoir de l'eau? — (frites) S'il vous plaît, est-ce que je pourrais avoir des frites? — (café crème) S'il vous plaît, est-ce que je pourrais avoir un café crème? — (entrée) S'il vous plaît, est-ce que je pourrais avoir une entrée? — (sel) S'il vous plaît, est-ce que je pourrais avoir du sel?

Exercice n° 4 *Écoutez:*(Je voudrais de la salade, s'il vous plaît) *A vous:* Pour moi de la salade, s'il vous plaît.
(Catherine voudrait de l'eau, s'il vous plaît) Pour elle, de l'eau s'il vous plaît — (Nous voudrions du pain, s'il vous plaît) Pour nous, du pain s'il vous plaît — (Patrick voudrait du fromage, s'il vous plaît) Pour.lui, du fromage s'il vous plaît — (Les enfants voudraient un gâteau s'il vous plaît) Pour eux, un gâteau s'il vous plaît — (Claire et Sophie voudraient du vin rouge, s'il vous plaît) Pour elles, du vin rouge s'il vous plaît.

Exercice n° 5 *Écoutez:*(Le bar - l'oseille) *A vous:* Pour moi, du bar à l'oseille.
(La tarte - les pommes) Pour moi, de la tarte aux pommes — (Le veau - la crème) Pour moi, du veau à la crème — (Le canard - les olives) Pour moi, du canard aux olives — (Le poulet - le vin blanc) Pour moi, du poulet au vin blanc — (Les épinards - le beurre) Pour moi, des épinards au beurre.

Exercice n° 6 *Écoutez:*(C'est un bon Bordeaux?) *A vous:* Oui, Monsieur, c'est le meilleur Bordeaux de notre carte.
(C'est une bonne salade?) Oui, Monsieur, c'est la meilleure salade de notre carte — (C'est un bon dessert?) Oui, Monsieur, c'est le meilleur dessert de notre carte — (Ce sont de bons vins?) Oui, Monsieur, ce sont les meilleurs vins de notre carte — (C'est un bon apéritif?) Oui, Monsieur, c'est le meilleur apéritif de notre carte — (Ce sont de bonnes entrées?) Oui, Monsieur, ce sont les meilleures entrées de notre carte.

UNITÉ 4. JEUX 1. PAGES 158-159. CASSETTE 4 - FACE A

Écoutez: **« Que reste-t-il de nos amours ? »**
chanté par Charles Trénet.
Ce soir, le vent qui frappe à ma porte
Me parle des amours mortes, devant le feu qui s'éteint
Ce soir, c'est une chanson d'automne
Dans la maison qui frissonne et je pense aux jours lointains
Que reste-t-il de nos amours?
Que reste-t-il de ces beaux jours?
Une photo, vieille photo de ma jeunesse
Que reste-t-il des billets doux, des mois d'avril, des rendez-vous?

Un souvenir qui me poursuit sans cesse
Bonheur fané, cheveux au vent
Baisers volés, rêve émouvant
Que reste-t-il de tout cela? dites-le moi
Un petit village, un vieux clocher
Un paysage, si bien caché
Et dans un nuage, le cher visage de mon passé
Les mots, les mots tendres qu'on murmure
Les caresses les plus pures, les serments au fond des bois
Les fleurs, qu'on retrouve dans un livre

Dont le parfum nous enivre, se sont envolées, pourquoi?
Que reste-t-il de nos amours?
Que reste-t-il de ces beaux jours?
Une photo...
... et dans un nuage le cher visage de mon passé.

Listen: **« What remains of our love? »**
sung by Charles Trénet.
This evening, the wind that beats against my door
Speaks to me of dead loves, before the dying embers
Tonight, I hear an autumn song
In the house that shivers, and I think of those bygone days
What remains of our love?
What remains of those happy days?
A photo, an old photo from my youth
What remains of our love letters, of past Aprils, our rendez-vous

A memory that never ceases to haunt me
Faded happiness, hair flowing in the wind
Stolen kisses, passionate dreams
What remains of all that, tell me
A little village, an old bell tower
In a hidden landscape
And in a cloud, a dear face from my youth
The words, the sweet words one whispers
The purest of caresses, and promises made in the woods
The pressed flowers one tumbles on between the pages of a book
Whose perfume goes to our head, have flown away, why?
What remains of our love?
What remains of those happy days?
A photo...
... and in a cloud, that dear face from my past

Jeu n° 2. *Solutions:*
Entrées: Potage maison - Salade de chèvre chaud (2) - Rillettes.

Plats: Magret de canard - Daurade au four - Brochette d'agneau - Foie de veau.
Fromages: Portion de Brie - Plateau de fromages (3).
Desserts: Gâteau au chocolat (2) - Profiteroles - Fraises des bois.

First Courses: Home-made soup - Salad with hot goat's cheese - Rillettes (pork or goose paté).

Main dishes: Duck breast - Baked sea-bream - Lamb on a skewer - Veal liver.
Cheeses: A portion of Brie - Assorted cheeses on a tray.
Desserts: Chocolate cake - Profiterolles - Wild Stawberries.

Quelques courses

1. A la pharmacie
Pharmacienne : Bonjour Monsieur.
Client : Bonjour Madame, j'ai très mal à la tête, est-ce que vous avez de l'aspirine, s'il vous plaît ?
Pharmacienne : J'ai de l'Aspégic 500.
Client : C'est aussi bien que l'aspirine.
Pharmacienne : C'est de l'aspirine mais c'est bien mieux que les cachets ; c'est plus concentré et comme c'est en poudre, ça agit plus rapidement. Voilà... vous en prendrez trois fois par jour dans un demi-verre d'eau. Ce sera tout ?
Client : J'ai mal à l'estomac, je ne digère pas bien.

Pharmacienne : Pour la digestion, j'ai soit des pastilles Rennie, soit du Normogastryl. Qu'est-ce que vous préférez ?
Client : Qu'est-ce qui est le plus efficace ?
Pharmacienne : C'est à peu près la même chose. Les deux sont assez efficaces.
Client : Alors donnez-moi des pastilles Rennie ; j'en prends combien ?

Pharmacienne : Prenez-en deux maintenant et deux autres dans quelques heures.
2. Chez le marchand de journaux
Vendeur : Monsieur, vous désirez ?
Client : Est-ce que vous avez le « Herald Tribune » ?
Vendeur : Ah non ! Je suis désolé mais nous ne l'avons plus.
Client : Alors donnez-moi des enveloppes, du papier à lettres et un carnet de timbres.
Vendeur : Je regrette Monsieur, mais nous n'avons pas de timbres, on n'en vend pas ici. Demandez au bureau de tabac, juste en face !
Client : Bon, je prends déjà le papier à lettres et des enveloppes. Vous m'en donnez vingt s'il vous plaît. Vous faites des photocopies ?
Vendeur : Oui, bien sûr.
Client : Est-ce que vous pourriez me photocopier ce document, s'il vous plaît ?
Vendeur : Oui. En combien d'exemplaires ?
Client : Oh ! Faites-m'en quatre.
Vendeur : Voilà.
Client : Merci Monsieur ; au revoir.
3. Au bureau de tabac
Buraliste : Monsieur ?
Client : Est-ce que je pourrais avoir dix timbres s'il vous plaît ?
Buraliste : A combien ?
Client : C'est pour des cartes postales, pour les États-Unis. Et je voudrais aussi des Royales.
Buraliste : Un paquet ?
Client : Non, donnez-m'en deux.
Buraliste : Voilà...
Client : Merci !...
Buraliste : Hé ! Monsieur... Monsieur !... Vous oubliez votre portefeuille !...
Client : Non, il n'est pas à moi. J'ai le mien dans ma poche.

Répétez :
C'est bien mieux que les cachets.
Ce sera tout ?
Je ne digère pas bien.
J'en prends combien ?
Prenez-en deux maintenant.
Je suis désolé mais nous ne l'avons plus.
Nous n'avons pas de timbres.
Je voudrais aussi des Royales.
Vous oubliez votre portefeuille !

Shopping

1. At the pharmacy
Pharmacist: Good morning.
Customer: Good morning. I've a got a very bad headache. Have you got any aspirin, please?
Pharmacist: I've got some Aspégic 500.
Customer: Is that as good as aspirin?
Pharmacist: It is aspirin, but it's much better than the tablets. It's stronger, and because it's in powder form it works much faster. There you are... take some three times a day in half a glass of water. Is that all?
Customer: I've got stomachache. My digestion isn't very good.
Pharmacist: For digestion I've got either Rennie pastilles or Normogastryl. Which would you prefer?
Customer: Which is more effective?
Pharmacist: They're about the same. They're both quite effective.
Customer: Give me the Rennie pastilles then. How many do I take?
Pharmacist: Take two now and two more in a few hours.

2. At the newsagent's
Newsagent: What would you like. sir?
Customer: Have you got the Herald Tribune?
Newsagent: No, I'm sorry, there aren't any left.
Customer: Give me some envelopes, some writing paper and a booklet of stamps, then, please.
Newsagent: I'm sorry, sir, we haven't got any stamps, we don't sell them here. Ask at the tobacconist's just opposite.
Customer: Right, I'll take the writing-paper and the envelopes. Give me twenty, please. Do you do photocopies?
Newsagent: Yes, certainly.
Customer: Could you photocopy this document for me, please?
Newsagent: Yes, how many copies?
Customer: Oh, do four for me, please.
Newsagent: There you are.
Customer: Thank you. Good-bye.

3. At the tobacconist's
Tobacconist: Yes, sir?
Customer: Could I have ten stamps, please?
Tobacconist: At what price?
Customer: They're for post-cards to the United States... and I'd like some Royales.
Tobacconist: One packet?
Customer: No, give me two, please.
Tobacconist: There you are.
Customer: Thank you.
Tobacconist: Hey, sir! You've forgotten your wallet!
Customer: No, it's not mine. Mine's in my pocket.

Repeat:
It's much better than the tablets.
Is that all?
My digestion isn't very good.
How many do I take?
Take two now.
I'm sorry, there aren't any left.
We haven't got any stamps.
And I'd like some Royales.
You've forgotten your wallet!

Exercice nº 1 *Écoutez:*(N'oublie pas l'aspirine!) *A vous:* C'est vrai, donnez-moi de l'aspirine, s'il vous plaît. (N'oublie pas les timbres!) C'est vrai, donnez-moi des timbres, s'il vous plaît — (N'oublie pas le dentifrice!) C'est vrai, donnez-moi du dentifrice, s'il vous plaît — (N'oublie pas la crème à raser!) C'est vrai, donnez-moi de la crème à raser, s'il vous plaît — (N'oublie pas les enveloppes!) C'est vrai, donnez-moi des enveloppes, s'il vous plaît — (N'oublie pas le savon!) C'est vrai, donnez-moi du savon, s'il vous plaît — (N'oublie pas l'eau de Cologne!) C'est vrai, donnez-moi de l'eau de Cologne, s'il vous plaît.

Exercice nº 2 *Écoutez:*(Est-ce que vous avez du sirop?) *A vous:* Oui, j'en ai — (Est-ce qu'il fume des blondes?) Oui, il en fume. (Est-ce que vous prenez du café?) Oui, j'en prends — (Est-ce qu'elle fait des photocopies?) Oui, elle en fait — (Est-ce que vous vendez de la crème à raser?) Oui, j'en vends.

Exercice nº 3 *Écoutez:*(Vous avez des timbres?) *A vous:* Non, nous n'avons pas de timbres. (Il boit du café?) Non, il ne boit pas de café — (Vous achetez de l'eau de Cologne?) Non, je n'achète pas d'eau de Cologne — (Elle veut un apéritif?) Non, elle ne veut pas d'apéritif — (Vous vendez des cartes postales?) Non, je ne vends pas de cartes postales — (Il prend un dessert?) Non, il ne prend pas de dessert — (Elle demande des cigarettes?) Non, elle ne demande pas de cigarettes.

Exercice nº 4 *Écoutez:*(Vous prenez deux boîtes d'allumettes?) *A vous:* Oui, j'en prends deux — (Je fais une photocopie?) Oui, vous en faites une. (Elle écrit trois cartes postales?) Oui, elle en écrit trois — (Vous utilisez deux lames de rasoir?) Oui, j'en utilise deux — (Tu achètes un carnet de timbres?) Oui, j'en achète un — (Il demande cinq enveloppes?) Oui, il en demande cinq.

Exercice nº 5 *Écoutez:*(C'est votre portefeuille?) *A vous:* Non, il n'est pas à moi — (Ce sont les cigarettes de Pauline?) Non, elles ne sont pas à elle. (Ce sont tes enveloppes?) Non, elles ne sont pas à moi — (C'est le journal de Jean?) Non, il n'est pas à lui — (Marie, Laura, ce sont vos timbres?) Non, ils ne sont pas à nous — (Ce sont nos documents?) Non, ils ne sont pas à vous — (C'est mon papier à lettres?) Non, il n'est pas à toi — (Ce sont les cartes postales des enfants?) Non, elles ne sont pas à eux — (Ce sont les photocopies de Brigitte et Sylvie?) Non, elles ne sont pas à elles.

Exercice nº 6 *Écoutez:*(Ce briquet est à vous, Madame?) *A vous:* Non, ce n'est pas le mien — (Ces cartes postales sont à vous, Monsieur?) Non, ce ne sont pas les miennes. (Ces cigarettes sont à eux?) Non, ce ne sont pas les leurs — (Ce rouge à lèvres est à elle?) Non, ce n'est pas le sien — (Ce journal est à eux?) Non, ce n'est pas le leur — (Ces photocopies sont à moi?) Non, ce ne sont pas les vôtres — (Ces documents sont à vous, Messieurs?) Non, ce ne sont pas les nôtres.

Jeu nº 1. *Écoutez:*
1. Est-ce que vous avez de la vitamine C et quelque chose pour une angine, s'il vous plaît? *(Pharmacie)*
2. Un paquet de Gitanes sans filtre, et trois timbres pour l'Irlande, s'il vous plaît. *(Tabac)*
3. Pourriez-vous me dire combien coûte cette eau de toilette, s'il vous plaît? *(Parfumerie)*
4. Pourriez-vous faire ces talons pour ce soir, s'il vous plaît? *(Cordonnier)*
5. Je voudrais un paquet d'enveloppes et du scotch, s'il vous plaît. *(Papeterie)*

Take a break No. 1. *Listen:*
1. Have you got vitamin C, and something for a sore throat, please? (Pharmacy)
2. A packet of Gitanes without filters, and three stamps for Ireland, please. (Tobacconist's)
3. Could you tell me how much this toilet water costs, please? (Perfume shop)
4. Could you do these heels for tonight, please? (Shoe repair)
5. I'd like a packet of envelopes and some sellotape, please. (Stationer's)

Jeu nº 2. *Solutions:*
1. francs — 2. addition — 3. chère — 4. achats — 5. coûte — 6. riche — 7. combien → facture.

Jeu nº 3. *Solutions:*
a) Escalope - Poissons — b) Chateaubriand - Vins — c) Bavette - Pâtisseries — d) Brouilly - Fromages.
a) Escalope, salmon, trout, scallops, skate, sea-bream — b) Muscadet, Sancerre, Beaujolais, Chateaubriand, champagne — c) Religieuse, financier, bavette (steak), amandine (almond pastry), millefeuilles, apple pie — d) Camembert, Brie, Cantal, Bleu d'Auvergne (blue cheese), Brouilly, Munster.

Dans un grand magasin
Monsieur Preiss fait des courses
aux Galeries Lafayette.

1. Au rayon parfumerie
La vendeuse: Monsieur, je peux vous aider?
M. Preiss: Oui, je voudrais du parfum. C'est pour offrir.
La vendeuse: C'est pour une jeune personne ou pour une dame?
M. Preiss: Pour une jeune fille.
La vendeuse: J'ai de très bons parfums, mais pour une jeune fille, je vous conseille plutôt cette eau de toilette.
M. Preiss: Celle-ci?

In a department store
Monsieur Preiss goes shopping
at the Galeries Lafayette.

1. In the perfume department
Shop assistant: Can I help you, sir?
M. Preiss: I'd like some perfume. It's for a present.
Shop assistant: Is it for a young girl or a lady?
M. Preiss: For a girl of seventeen.
Shop assistant: I've got some excellent perfumes, but for a young girl I'd recommend this toilet water.
M. Preiss: This one?

La vendeuse : Oui, elle est plus légère qu'un parfum. Tenez, si vous voulez bien l'essayer...
M. Preiss : Oui, vous avez raison, elle est assez légère, mais je ne l'aime pas tellement.
La vendeuse : Et celle-là ? Elle est très fraîche ! Tenez.
M. Preiss : Hum, ah oui, je préfère ; elle sent un peu le citron. Je trouve qu'elle est très agréable. Je la prends...
La vendeuse : Je vous fais un paquet-cadeau ?
M. Preiss : Oui, s'il vous plaît.
2. Au rayon femmes
M. Preiss : Bonjour Madame, j'aurais voulu un pull-over en cachemire ; bleu de préférence...
La vendeuse : Quelle taille ?
M. Preiss : Je crois que ma femme fait du 42 ; du 14 en Grande-Bretagne.
La vendeuse : C'est ça ; un instant...
M. Preiss : Ah, il est superbe... euh... il coûte combien ?
La vendeuse : 1 200 francs.
M. Preiss : C'est cher ; vous n'auriez pas quelque chose de moins cher ?

La vendeuse : Si, j'ai celui-ci, mais il est en laine et angora ; au toucher c'est un peu comme le cachemire. Tenez, regardez, il est aussi doux que l'autre.
M. Preiss : Oui, on dirait vraiment du cachemire. Il vaut combien ?

La vendeuse : 700 francs.
M. Preiss : Il est de bonne qualité ?
La vendeuse : Ah oui, il est inusable. Mais attention, il se lave à l'eau froide.
M. Preiss : Je le prends. S'il ne lui va pas, je pourrai l'échanger ?
La vendeuse : Bien entendu ! Mais n'oubliez pas le ticket de caisse.
3. Au rayon jouets
M. Preiss : Madame, s'il vous plaît, je cherche les modèles réduits.
Une vendeuse : Ils sont juste devant vous.
M. Preiss : Ah oui, je n'avais pas vu. Excusez-moi ! Il n'y a pas de petites voitures françaises ?
La vendeuse : Attendez, je vais voir... Non, il n'y en a plus ; tous les modèles que nous avons sont sur le rayon. Vous savez, avec les fêtes, nous en vendons beaucoup.
M. Preiss : Tant pis, je vous remercie.

Répétez :
C'est pour une jeune personne ou pour une dame ?
Je vous conseille plutôt cette eau de toilette.
Vous avez raison, elle est assez légère.
Elle sent un peu le citron.
Je crois que ma femme fait du 42.
Celui-ci est en laine.
Il vaut combien ?
N'oubliez pas le ticket de caisse.
Madame, s'il vous plaît, je cherche les modèles réduits.

Shop assistant: Yes, it's much lighter than perfume. Here, would you like to try it?
M. Preiss: Yes, you're right, it is quite light, but I don't like it very much.
Shop assistant: What about that one, it's very fresh. Here.
M. Preiss: Hmm. Ah yes, I prefer this one, it smells a bit of lemon. I think it's very pleasant. I'll take it...
Shop assistant: Shall I wrap it as a present?
M. Preiss: Yes, please.
2. In the women's wear deparment
M. Preiss: Good morning. I was looking for a cashmere pullover, preferably blue...
Shop assistant: What size, please?
M. Preiss: I think my wife is size 42, size 14 in Britain.
Shop assistant: That's right, just a moment...
M. Preiss: Ah, it's superb... Um, how much is it?
Shop assistant: 1,200 francs.
M. Preiss: It's rather expensive, haven't you got anything less expensive?
Shop assistant: Yes, there's this one, but it's made of wool and angora; it feels a bit like cashmere. Here, have a look, it's as soft as the other one.
M. Preiss: Yes, you'd really think it was cashmere. How much is it?
Shop assistant: 700 francs.
M. Preiss: Is it good quality?
Shop assistant: Ah yes, it'll last forever. But be careful, it has to be washed in cold water.
M. Preiss: I'll take it. If it doesn't fit can I exchange it?
Shop assistant: Certainly! But don't forget your receipt.
3. In the toy department
M. Preiss: Excuse me, I'm looking for the scale models.
Shop assistant: They're right in front of you.
M. Preiss: Ah yes, I didn't see them, I'm sorry. Aren't there any miniature French cars?
Shop assistant: Just a moment, I'll look. No, there aren't any left. All the models we have are on the shelf. What with the holiday season, we sell at lot of them, you know.
M. Preiss: Right, too bad, thank you very much.

Repeat:
Is it for a young girl or a lady?
I'd recommend this toilet water.
You're right, it's quite light.
It smells a bit of lemon.
I think my wife is size 42.
This one is made of wool.
How much is it?
Don't forget your receipt.
Excuse me, I'm looking for the scale models.

UNITÉ 4. PRATIQUE ORALE 3. PAGE 172. CASSETTE 4 - FACES A et B

Exercice n° 1 Écoutez :(Vous prenez cette eau de toilette ?) A vous : Non, pas celle-là — (Vous voulez ce pull ?) Non, pas celui-là. (Vous achetez ces jouets ?) Non, pas ceux-là — (Vous essayez ce manteau ?) Non, pas celui-là — (Vous prenez cette robe ?) Non, pas celle-là — (Vous voulez ces lunettes ?) Non, pas celles-là.

Exercice n° 2 Écoutez :(Une eau de toilette) (légère) A vous : Cette eau de toilette est aussi légère que celle-là. (Un parfum) (agréable) Ce parfum est aussi agréable que celui-là — (Un pantalon) (chaud) Ce pantalon est aussi chaud que celui-là — (Des pulls) (doux) Ces pulls sont aussi doux que ceux-là — (Des lunettes) (jolies) Ces lunettes sont aussi jolies que celles-là — (Une robe) (habillée) Cette robe est aussi habillée que celle-là — (Des collants) (chers) Ces collants sont aussi chers que ceux-là — (Des manteaux) (longs) Ces manteaux sont aussi longs que ceux-là.

Exercice n° 3 Écoutez :(pull bleu) (moins cher) (pull rouge) A vous : Le pull bleu est moins cher que le pull rouge. (pull rouge) (plus grand) (pull bleu) Le pull rouge est plus grand que le pull bleu — (pull vert) (aussi doux) (pull rouge) Le pull vert est aussi doux que le pull rouge — (pull bleu) (plus chaud) (pull jaune) Le pull bleu est plus chaud que le pull jaune — (pull gris) (moins joli) (pull bleu) Le pull gris est moins joli que le pull bleu.

Exercice n° 4. *Écoutez:* (Vous vendez beaucoup de cravates?) *A vous:* Oui, j'en vends beaucoup.
(Il a peu de jouets?) Oui, il en a peu — (Vous achetez trop de vêtements?) Oui, j'en achète trop — (Il y a assez de modèles?) Oui, il y en a assez — (Elle a peu de parfums?) Oui, elle en a peu — (Vous offrez beaucoup de cadeaux?) Oui, j'en offre beaucoup.

Exercice n° 5. *Écoutez:* (Il y a encore de petites voitures?) *A vous:* Non, il n'y en a plus.
(On trouve encore des journaux anglais?) Non, on n'en trouve plus — (Il y a encore des pulls bleus?) Non, il n'y en a plus — (Il prend encore des médicaments?) Non, il n'en prend plus — (Vous avez encore des timbres?) Non, je n'en ai plus.

Exercice n° 6. *Écoutez:* (Nous vendons du parfum) (plus) *A vous:* Nous vendons plus de parfum que l'année dernière.
(Nous vendons des modèles réduits) (autant) Nous vendons autant de modèles réduits que l'année dernière — (Nous vendons des vêtements) (moins) Nous vendons moins de vêtements que l'année dernière — (Nous vendons des jouets) (plus) Nous vendons plus de jouets que l'année dernière — (Nous vendons des cravates) (moins) Nous vendons moins de cravates que l'année dernière — (Nous vendons des robes) (autant) Nous vendons autant de robes que l'année dernière.

UNITÉ 4. JEUX 3. PAGES 174-175. CASSETTE 4 - FACE B

Jeu n° 1. *Écoutez:*
1. Vous voulez écrire à quelqu'un? Vous aurez sûrement besoin de...
(TIMBRES)
2. Les cigarettes se vendent en... (PAQUETS)
3. Vous êtes vraiment très généreux si vous donnez beaucoup de...
(CADEAUX)
4. En hiver, il faut porter un ... (MANTEAU)
5. C'est pour un enfant, ou pour un adulte qui aime toujours jouer! C'est un... (JOUET)

Take a break No. 1. *Listen:*
1. Do you want to write to someone? You'll surely be needing... Stamps.
2. Cigarettes are sold in ... Packets.
3. You are really very generous if you give a lot of ... Gifts.

4. You have to wear it in winter ... Overcoat.
5. This is for a child, or for an adult who still likes to play ... Toy.

Jeu n° 2. *Solutions:*
1. livres — 2. pullover — 3. sandales — 4. chemise — 5. dictionnaire — 6. cartes — 7. crème solaire — 8. passeport — 9. médicaments — 10. appareil — 11. short — 12. shampooing — 13. maillot de bain — 14. chapeau — 15. valise — 16. billets d'avion → lunettes de soleil.

1. books - 2. pullover - 3. sandals - 4. shirt - 5. dictionary - 6. cards - 7. sun-tan lotion - 8. passport - 9. medicine - 10. device - 11. a pair of shorts - 12. shampoo - 13. bathing-suit - 14. hat - 15. suitcase - 16. plane-tickets →sun-glasses.

UNITÉ 4. CONTACTS 4. PAGE 176. CASSETTE 4 - FACE B

La drague
**A la fermeture d'un Salon à Marseille
(au stand MATRA)**

Michel: Excusez-moi, Mademoiselle, pourriez-vous me montrer vos nouveaux combinés téléphoniques, s'il vous plaît?
Véronique: Oui, avec plaisir. Asseyez-vous, je vous prie; voilà notre dernier modèle: le TM2, qui vient de sortir. Il a un grand succès, nous en avons déjà vendu beaucoup.
Michel: Et comment marche-t-il?
Véronique: Oh! c'est très simple: vous appuyez sur les touches correspondant au numéro que vous voulez faire; le numéro s'affiche là, en bas, dans le carré noir.
Michel: Dites, il est 7 h 00; le Salon va fermer. Que diriez-vous d'aller prendre un verre sur le Vieux Port?
Véronique: Mais je n'ai pas fini de vous expliquer...
Michel: Et puis on pourrait aller dîner ensemble, je vous emmènerai manger une bouillabaisse. Vous ne voulez pas dîner avec moi? Je vous invite.
Véronique: Vous permettez que je continue?
Michel: Euh... oui.
Véronique: Si personne ne répond, vous appuyez sur la touche mémoire.
Michel: Bon, j'achète votre TM2 si vous entrez votre numéro dans la mémoire.
Véronique: Pour le même prix, je suppose?
Michel: Bien sûr, c'est juste pour essayer.
Véronique: Pour essayer quoi?

Quelques mois plus tard...

Meeting members of the opposite sex
**Closing time at a trade fair in Marseille
(at the Matra stand)**

Michel: Excuse me, could you you show me your new telephone?
Véronique: Yes, it would be a pleasure. Please sit down. This is our latest model, the TM2, which has just come out. It is very successful; we've already sold quite a few.
Michel: And how does it work?
Véronique: Oh, it's very simple. You just press the keys which correspond to the number you want; the number is displayed down here in the black square.
Michel: Look, it's 7 o'clock, the fair is closing. What would you say to a drink in the Old Port?
Véronique: But I haven't finished explaining to you...
Michel: Then we could have dinner together, I'll take you out for a bouillabaisse. Wouldn't you like to have dinner with me? You'll be my guest.
Véronique: Would you allow me to continue?
Michel: Er... yes.
Véronique: If no one answers, you press the memory key.
Michel: O.K., I'll buy your TM2, if you'll put your phone number into its memory.
Véronique: For the same price, I suppose?
Michel: Yes, of course, just to try it out.
Véronique: To try what out?

Some months later...

LES MOTS SONT TROP PRÉCIEUX POUR LES CONFIER A N'IMPORTE QUEL TÉLÉPHONE.

Viens...

23 h 48. J'ai composé son numéro sur l'écran digital de ma nuit blanche. Magiques les chiffres se sont affichés sans faute dans le carré noir. Mais personne au bout du dring. J'ai mis son numéro en mémoire et j'ai appuyé sur rappel automatique. Au 15e rappel, il a enfin décroché. J'ai dit : « Viens... ». Il a quand même mis 5 minutes et 10 secondes pour dire oui...

J'arrive...

Réunion finie. Le numéro de Véronique sur le clavier magique. Clic, clac, merci Déclic. Personne... Pas de paniqué... ...Touche rappel automatique. Elle répond, endormie. Pardon pour le décalage horaire. Je prends le premier avion, j'arrive... Je t'aime.

Répétez :
Asseyez-vous, je vous prie.
Comment marche-t-il ?
C'est très simple : vous appuyez sur les touches.
Il est 7 h 00.
Le Salon va fermer.
Je n'ai pas fini de vous expliquer...
Vous permettez que je continue ?
J'achète votre TM2 si vous entrez votre numéro dans la mémoire.

Pour le même prix, je suppose ?

WORDS ARE TOO PRECIOUS TO ENTRUST TO JUST ANY TELEPHONE.

Come...

11:48 p.m. I tapped out his number on the digital screen of my sleepless night. Magic. The numbers were displayed flawlessly in the black square. But no one at the other end. I put his number into the memory and pressed automatic call-back. At the fifteenth call he finally picked up the receiver. I said «Come». Even then he took 5 minutes and 10 seconds to say yes.

I'm coming...

The meeting's over. Véronique's number on the magic keyboard. Click, click, thanks «Déclic». No one answering... No cause for panic... press automatic call-back. She answers half asleep. Sorry about the time lag. I'm catching the first plane, I'm coming... I love you.

Repeat:
Please sit down.
How does it work?
It's very simple: you just press the keys.
It's 7 o'clock.
The fair is closing.
I haven't finished explaining to you...
Would you allow me to continue?
I'll buy your TM2, if you'll put your phone number into its memory.

For the same price, I suppose?

UNITÉ 4. PRATIQUE ORALE 4. PAGE 180. CASSETTE 4 - FACE B

Exercice n° 1. Écoutez : (On va au restaurant ?) A vous : Que diriez-vous d'aller au restaurant ?
(On prend un verre ?) Que diriez-vous de prendre un verre ? — (On sort ce soir ?) Que diriez-vous de sortir ce soir ? — (On va dans une boîte de nuit ?) Que diriez-vous d'aller dans une boîte de nuit ? — (On invite des clients ?) Que diriez-vous d'inviter des clients ? — (On réserve une table au Crazy Horse ?) Que diriez-vous de réserver une table au Crazy Horse ?

Exercice n° 2. Écoutez : (composer le numéro) (je) A vous : C'est fait. J'ai composé le numéro.
(appuyer sur rappel) (nous) C'est fait. Nous avons appuyé sur rappel — (faire le 16) (André) C'est fait. André a fait le 16 — (décrocher le combiné) (vous) C'est fait. Vous avez décroché le combiné — (mettre le numéro en mémoire) (Martine et Françoise) C'est fait. Martine et Françoise ont mis le numéro en mémoire — (acheter une télécarte) (tu) C'est fait. Tu as acheté une télécarte.

Exercice n° 3. Écoutez : (Je vais au restaurant) A vous : Hier, je suis allée au restaurant — (Nous sortons avec des amis) Hier, nous sommes sortis avec des amis.
(Vous arrivez en retard) Hier, vous êtes arrivé en retard — (Catherine rentre à 8 heures) Hier, Catherine est rentrée à 8 heures — (Nous restons toute la journée au bureau) Hier, nous sommes restés toute la journée au bureau — (Le directeur vient au Salon) Hier, le directeur est venu au Salon — (Véronique et Michel partent pour Marseille) Hier, Véronique et Michel sont partis pour Marseille — (Vous tombez dans la piscine) Hier, vous êtes tombé dans la piscine.

Exercice n° 4. Écoutez : (Le numéro s'affiche dans le carré noir) A vous : Le numéro s'est affiché dans le carré noir.
(Nous nous rencontrons sur le vieux port) Nous nous sommes rencontrés sur le vieux port — (Vous vous téléphonez au Salon) Vous vous êtes téléphonés au Salon — (Véronique et Michel se présentent au directeur) Véronique et Michel se sont présentés au directeur — (Je m'arrête au stand Matra) Je me suis arrêté au stand Matra — (Nous nous asseyons près de la fenêtre) Nous nous sommes assis près de la fenêtre.

Exercice n° 5. Écoutez : (Vous avez fini de lui expliquer ?) A vous : Non, je n'ai pas fini de lui expliquer.
(Il a mis le numéro en mémoire ?) Non, il n'a pas mis le numéro en mémoire — (Ils sont allés au Salon ?) Non, ils ne sont pas allés au Salon — (Vous êtes sortis sur le port, hier soir ?) Non, je ne suis pas sortie sur le port hier soir — (Tu as appuyé sur la touche ?) Non, je n'ai pas appuyé sur la touche — (Elle a mangé une bouillabaisse ?) Non, elle n'a pas mangé une bouillabaisse — (Ils sont restés ensemble ?) Non, ils ne sont pas restés ensemble.

Exercice n° 6. Écoutez : (Vous avez fini d'expliquer à Michel ?) A vous : Non, je n'ai pas fini de lui expliquer — (Vous avez fini de faire le numéro ?) Non, je n'ai pas fini de le faire.
(Vous avez fini de montrer les modèles ?) Non, je n'ai pas fini de les montrer — (Vous avez fini de téléphoner à Stéphanie et Bernard ?) Non, je n'ai pas fini de leur téléphoner — (Vous avez fini de parler à l'hôtesse ?) Non, je n'ai pas fini de lui parler.

Jeu. *Écoutez:*

1. Avant le dîner, quel pourcentage de Français lisent un journal ? (c - 14 %)
2. Après le travail, quel pourcentage de Français font du sport ? (c -2 %)
3. Après le travail, quel pourcentage de Français passent un moment au café ? (b - 2 %)
4. Avant le dîner, quel pourcentage de Français passent un moment avec leurs enfants ? (b - 38 %)
5. Avant le dîner, quel pourcentage de Français se douchent ou prennent un bain ? (a - 12 %)
6. Avant le dîner, quel pourcentage de Français écoutent de la musique ? (b - 15 %)
7. Avant le dîner, quel pourcentage de Français vont voir des amis ? (c - 2 %)
8. Avant le dîner, quel pourcentage de Français tricotent ou font de la couture ? (a - 7 %)
9. Avant le dîner, quel pourcentage de Français lisent un livre ? (b - 8 %)
10. Après le travail, quel pourcentage de Français regardent la télévision ? (c - 26 %)

Take a break. *Listen:*

1. Before dinner, what percentage of French people read a newspaper? (14 %)
2. After work, what percentage of French people do sport? (2 %)
3. After work, what percentage of French people stop in a café? (2 %)
4. Before dinner, what percentage of French people spend some time with their children? (38 %)
5. Before dinner, what percentage of French people have a shower or a bath? (12 %)
6. Before dinner, what percentage of French people listen to music? (15 %)
7. Before dinner, what percentage of French people visit friends? (2 %)
8. Before dinner, what percentage of French people knit or sew? (7 %)
9. Before dinner, what percentage of French people read a book? (8 %)
10. After work, what percentage of French people watch television? (26 %)

Bon voyage
A Deauville

L'employé SNCF : Monsieur ?
Le voyageur : J'aurais voulu aller au Mont-Saint-Michel.
L'employé SNCF : Vous n'avez pas de chance, le train vient de partir.
Le voyageur : Et pour aller à Chenonceaux ?
L'employé SNCF : Chenonceaux ! Il faut que vous preniez un train pour Tours. Il y a un autorail qui fait la liaison. Vous voulez un billet de 1re ou de 2e classe ?
Le voyageur : Euh, 2e classe. Mais... il faut que j'aille ensuite en Provence.

L'employé SNCF : Quelle ville ?
Le voyageur : Arles.
L'employé SNCF : Alors, il faut que vous retourniez à Tours et que vous preniez le Tours-Bordeaux. A Bordeaux vous prendrez le train de nuit. Vous arriverez à Arles à 5 h 04.
Le voyageur : Bon d'accord. Je peux réserver une place ?
L'employé SNCF : Oui. Fumeurs ou non-fumeurs ?
Le voyageur : Non-fumeurs, s'il vous plaît.
L'employé SNCF : Et pour le train de nuit, vous voulez une couchette ?
Le voyageur : Oui, je veux bien. En haut de préférence.
L'employé SNCF : J'ai peur que ce ne soit pas possible... Ah si ! Ça va. Tenez. Ce sera tout... ou vous voulez remonter jusqu'à Dijon ? C'est beau, la Bourgogne !
Le voyageur : Ah oui ! Excellente idée !

Le Mont-Saint-Michel
Situé en Normandie au milieu d'une baie de la Manche, le Mont-Saint-Michel est construit sur un îlot. Du VIIIe au XVIe siècle, des édifices romans et gothiques sont successivement bâtis : l'abbaye commencée au VIIIe siècle, et continuée aux XIe et XIIe siècles, est très bien fortifiée et n'a jamais été prise militairement ; c'est un chef-d'œuvre architectural surnommé « la merveille ».

Les châteaux de la Loire
Le Val de Loire est souvent appelé le « Jardin de la France ». C'est pourquoi, dès le XVe siècle, les rois de France et la noblesse ont voulu y habiter. Ils ont fait construire de magnifiques châteaux sur les bords de la Loire.

Have a nice trip
In Deauville

SNCF clerk: Yes, sir?
Traveller: I'd like to go to Mont Saint Michel.
SNCF clerk: You're out of luck, the train has just left.
Traveller: What about Chenonceaux?
SNCF clerk: Chenonceaux! You'll have to take a train to Tours. There's an autorail that makes the connection. Would you like a first or second class ticket?
Traveller: Er... second class. But... I have to go to Provence after that.

SNCF clerk: Which town?
Traveller: Arles.
SNCF clerk: Then, you'll have to go back to Tours and take the Tours-Bordeaux train. Take the night train at Bordeaux and you'll arrive in Arles at 5:04 a.m.
Traveller: All right, then. Can I reserve a seat?
SNCF clerk: Yes, smoking or non-smoking?
Traveller: Non-smoking, please.
SNCF clerk: Would you like a couchette for the night train?
Traveller: Yes, please. A top bunk, preferably.
SNCF clerk: I'm afraid that may not be possible. Ah, yes! There's no problem. Here you are. Is that all... or would you like to head back north as far as Dijon? Burgundy is beautiful!
Traveller: Why not?

Mont Saint Michel
The Mont Saint Michel is in Normandy. It is built on an islet in the middle of a bay in the English Channel. From the 8th to the 16th century, first Romanesque then Gothic buildings were erected. The abbey, the construction of which started in the 8th and continued into the 11th and 12th centuries. is strongly fortified and has never been taken by force. It is an architectural masterpiece which has been called « the marvel ».
The Castles of the Loire
The Loire valley is often called the « Garden of France ». For this reason, from the 15th century on, the kings and nobility of France always wanted to live there. They had magnificent castles built on the banks of the Loire.

Les plus célèbres sont : Amboise, Azay-le-Rideau, Blois, Chambord, Chenonceaux, Le Lude et Ussé.

Arles

Fondée par les Grecs, Arles est devenue une capitale romaine, puis un grand centre religieux au Moyen Age. Arles est située en Provence, sur le Rhône, au nord de la Camargue. Elle possède deux superbes antiquités gallo-romaines : les arènes et le théâtre antique. On y trouve également deux chefs-d'œuvre de l'art roman provençal : le portail et le cloître de l'église Saint-Trophime.
Van Gogh y a habité de 1888 à 1890.

Dijon

Dijon, ancienne capitale des Ducs de Bourgogne, est située à proximité de magnifiques vignobles. C'est aussi une ville d'art célèbre ; on y visite le musée des Beaux-Arts, installé dans l'ancien palais des Ducs de Bourgogne (XIVe et XVe siècles) et l'église Notre-Dame, gothique du XIIIe siècle. Une promenade dans les vieilles rues de la ville permet aux piétons d'admirer les maisons anciennes et les hôtels particuliers des XVe, XVIe et XVIIe siècles, ainsi que de goûter aux vins fameux de la région.

The most famous ones are: Amboise, Azay-le-Rideau, Chambord, Chenonceaux, Le Lude and Ussé.

Arles

Founded by the Greeks, Arles became a Roman capital, then in the Middle Ages, a great religious centre. Arles lies on the banks of the Rhône in Provence, north of the Camargue. Arles has two superb Gallo-Roman relics: the arenas and the ancient theatre. There are also two masterpieces of provençal romanesque art to be found: the portal and the cloisters of the church of Saint Trophime.
Van Gogh lived in Arles from 1888 to 1890.

Dijon

Dijon is the former capital of the Dukes of Burgundy. It is situated next to magnificent vineyards. It is also a famous centre for the arts: notable attractions are The Museum of Fine Arts, which can be found in the former ducal palace (14th and 15th centuries), and the church of Notre Dame (13th century gothic). A stroll through the old streets of the city will give you an opportunity to admire the old houses and private mansions of the 15th, 16th and 17th centuries, and to taste the wines for which the region is famous.

UNITÉ 4. PRATIQUE ORALE 5. PAGE 188. CASSETTE 4 - FACE B

Exercice n° 1. *Écoutez :* (M. et Mme Thomas, vous achetez un billet ?) *A vous :* Oui, il faut que nous achetions un billet.
(Je change à Rennes ?) Oui, il faut que vous changiez à Rennes — (Elle réserve pour ce train ?) Oui, il faut qu'elle réserve pour ce train — (Les Durand remontent jusqu'à Dijon ?) Oui, il faut qu'ils remontent jusqu'à Dijon — (Je visite la Bourgogne ?) Oui, il faut que vous visitiez la Bourgogne — (Hubert et Bernard, vous téléphonez pour réserver ?) Oui, il faut que nous téléphonions pour réserver.

Exercice n° 2. *Écoutez :* (Je dois aller en Provence) *A vous :* Il faut que j'aille en Provence.
(Il doit être à Dijon à 6 heures) Il faut qu'il soit à Dijon à 6 heures — (Vous devez faire le voyage de nuit) Il faut que vous fassiez le voyage de nuit — (Nous devons prendre la correspondance) Il faut que nous prenions la correspondance — (Vous devez être à Bordeaux demain) Il faut que vous soyez à Bordeaux demain — (Tu dois aller prendre les billets) Il faut que tu ailles prendre les billets.

Exercice n° 3. *Écoutez :* (Vous me faites mon billet jusqu'à Tours ?) *A vous :* Oui, je vous le fais jusqu'à Tours — (Il lui réserve la couchette ?) Oui, il la lui réserve.
(L'employé leur donne les renseignements ?) Oui, il les leur donne — (Vous nous préparez les réservations ?) Oui, je vous les prépare — (Messieurs, il vous indique le numéro du train ?) Oui, il nous l'indique — (Vous lui prenez sa place ?) Oui, je la lui prends.

Exercice n° 4. *Écoutez :* (Tu as pris les billets ?) *A vous :* Oui, je viens de prendre les billets.
(Le train est parti ?) Oui, il vient de partir — (M. et Mme Vergely, vous avez réservé les places ?) Oui, nous venons de réserver les places — (Il a acheté le supplément ?) Oui, il vient d'acheter le supplément — (Ils ont fait les billets ?) Oui, ils viennent de faire les billets — (Elle a téléphoné à l'hôtel ?) Oui, elle vient de téléphoner à l'hôtel — (Ils ont trouvé les réservations ?) Oui, ils viennent de trouver les réservations — (Vous avez lu la brochure ?) Oui, je viens de lire la brochure.

Exercice n° 5. *Écoutez :* (Du VIIIe au XVIe siècle, on bâtit des édifices) *A vous :* Des édifices sont bâtis du VIIIe au XVIe siècle.
(Au XIIe on continue l'abbaye) L'abbaye est continuée au XIIe — (On construit le théâtre au Ier siècle) Le théâtre est construit au Ier siècle — (On décore le château en 1520) Le château est décoré en 1520 — (On organise des fêtes en septembre) Des fêtes sont organisées en septembre — (On commence les Arènes en 46) Les Arènes sont commencées en 46 — (On appelle cette région le « jardin de la France ») Cette région est appelée le « jardin de la France ».

Exercice n° 6. *Écoutez :* (On trouve de belles antiquités à Arles ?) *A vous :* Oui, on y trouve de belles antiquités.
(Van Gogh a habité deux ans dans cette maison ?) Oui, Van Gogh y a habité deux ans — (On visite de beaux châteaux dans le Val de Loire ?) Oui, on y visite de beaux châteaux — (On a construit une abbaye sur le Mont-Saint-Michel ?) Oui, on y a construit une abbaye — (Il va souvent à Deauville ?) Oui, il y va souvent — (Elle est passée à Chenonceaux ?) Oui, elle y est passée.

UNITÉ 4. JEUX 5. PAGES 190-191. CASSETTE 4 - FACE B

Écoutez : **« Un homme et une femme »**
chanté par Nicole Croisille et Pierre Barouh.
Comme nos voix
Chantent tout bas
Nos cœurs y voient
Comme une chance, comme un espoir
Comme nos voix, nos cœurs y croient
Encore une fois, tout recommence
La vie repart
Combien de joies, bien de drames
Et voilà c'est une longue histoire
Un homme, une femme

Listen: **« A man and a woman »**
sung by Nicole Croisille and Pierre Barouh.
As our voices
Are singing low
Our hearts can see
A glimmer on the horizon, a ray of hope
Like our voices, our hearts believe
One more, that it's beginning again
Life is starting anew
So many joys, so much pain
It's a long story
A man a woman

Ont forgé la trame du hasard	Have woven the cloth of chance
Comme nos voix, nos cœurs y voient	Like our voices, our hearts can see
Encore une fois, comme une chance	Once more, a glimmer on the horizon
Comme un espoir	A ray of hope
Comme nos voix, nos cœurs en joie	Like our voices, our joyful hearts
Ont fait le choix	Have chosen
D'une romance qui passait là	A romance, that wandered by
Chance qui passe là	A second chance
Chance pour toi et moi	A ray of hope
Toi et moi...	For you and me
	You and me...

Deux façons de parler

Et votre nouvelle maison ?

Très bien, mon cher. Il n'y a personne aux alentours. Je suis tranquille.

Vous ne vous ennuyez pas ?

Mais non, j'ai des amis qui viennent se reposer. C'est fantastique !

Pourrais-je venir vous voir ?

Bien sûr. Vous arrivez quand vous voulez. Il y a beaucoup de lits. Nous allons bien nous reposer.

Street talk — Straight talk

Man 1: So, how's the new house?

Man 2: Excellent, old chap. There's no one else nearby. It's peaceful and quiet.

Man 1: Don't you get bored?

Man 2: Oh no. My friends keep coming down for a rest. It's wonderful!

Man 1: Could I come and see you?

Man 2: Certainly. Come when you like. We have lots of beds. We'll have a good rest.

PRATIQUE ÉCRITE — UNITÉS : 1, 2, 3, 4

UNITÉ 1. PAGES 48, 49. Exercice n° 1. *Complétez :* suis - est - travaille - appelle - êtes - est. — *Traduisez :* She is French - Her name is Catherine - She works at Chanel - He's in charge of technical studies - He comes from Tokyo - Michel is an engineer from Marseille — Je m'appelle/mon nom est Corinne Bellefeuille - Je suis canadien(ne) et je suis directeur(trice) des études techniques - Jeanne est Anglaise - Elle est informaticienne - Elle est responsable/elle s'occupe du service commercial.
Exercice n° 2. *Complétez :* ai - a - ne - pas - suis - mille cinq cent quatre-vingt-un francs. — *Traduisez :* Good evening - excuse me please. Is that the Meridien Hotel? I'm sorry, could you spell that please? I'm sorry, I don't have your name - Have a pleasant evening. — Bonjour Madame - Voilà votre clé - Mon prénom est Philippe, mon nom de famille est Dominique - Vous pouvez épeler votre prénom s'il vous plaît ? Au revoir, bonne journée - Merci Madame.
Exercice n° 3. *Complétez :* au - en - à la - au - aux - à - à l'. — *Traduisez :* Where do you live? He comes from Zurich - What do you do for a living? I can give you a lift to the trade fair - Oh, thanks very much - I'd like a cup of coffee and a glass of orange juice. — Il travaille à Genève mais il n'habite pas en Suisse - Ils ne sont pas canadiens, ils sont français - Ils ne vont pas à l'hôtel, ils vont au restaurant - Je voudrais un thé s'il vous plaît.
Exercice n° 4. *Complétez :* vais - prennent - ne connaissez pas - fait - ne sait pas. — *Traduisez :* I'm thirty-two and I'm married - How old are you? He looks young - I am not in computer science - I am delighted to meet you - This is Bernard, my colleague. — Bonjour Yves, comment allez-vous/vas-tu ? Très bien, merci - Je vous/te présente mon adjointe Françoise Brasseur - Qu'est-ce que vous prenez/tu prends ? Je veux bien une coupe de champagne s'il vous/te plaît.
Exercice n° 5. *Complétez :* est - a - en - en - à - le - dans - a - au. — *Traduisez :* I was born in Brussels on November 10th, 1968 - I speak three languages and I have a diploma in commercial studies - I live at 17 rue du Bac in the 7th district - We are on a training programme at the Pechiney factory. — Vous êtes né(e) le 1er septembre 1954 à Londres - Il est marié et il a un enfant - Elle a trente-cinq ans - Je parle deux langues étrangères - Nous habitons à Paris, 71 rue Lafayette.

UNITÉ 2. PAGES 96, 97. Exercice n° 1. *Complétez :* passe - traverse - continue - tourne - prends. — *Traduisez :* Excuse me, I'd like to go to the Louvre. Which line do I take ? Take the Porte de Clignancourt line, change at Châtelet and then take line 1. Thank you - Not at all. — La rue de Seine s'il vous plaît ? Excusez-moi, je ne comprends pas, je suis étranger(è) - Pour aller au centre Pompidou vous continuez tout droit et vous tournez à droite aux feux (rouges).
Exercice n° 2. *Complétez :* à - la - cette - cet - ou - en - un. — *Traduisez :* Hello is that Nicole? Yes, who's calling? This is Emmanuelle speaking. I'm calling from London - I have no time today, but I am free on Wednesday morning. — Je voudrais parler à Patrick - Vous faites erreur il n'y a pas de Patrick ici - Vous pouvez me passer M. Guidimard ? - Qui est à l'appareil/c'est de la part de qui ? Stéphane Pichon - M. Guidimard ? Oui, c'est moi.
Exercice n° 3. *Complétez :* ai - suis - est - sommes - ont - ont - faites - avez - fait. — *Traduisez :* We don't live in a big city - For the past year, we've been living in a small house, near a lake, in the middle of a forest - We do sports - He hates noise. — Vous aimez/tu aimes Lyon ? J'aime la musique - Vous êtes/tu es en retard : il vaut mieux prendre un taxi - Il aime beaucoup le cinéma - Moi, je préfère le théâtre - Vous devriez/tu devrais prendre le métro.
Exercice n° 4. *Complétez :* devons - ambitieux - savent - nouvelle - peuvent. — *Traduisez :* Tonight, I'm going out with the new secretary - He knows how to manage a team of sales people - I think Françoise is very pretty - I'm very interested in technology. — Qu'est-ce que vous pensez de la nouvelle directrice ? Elle est très bien - A mon avis, elle connaît bien son travail et elle est capable d'animer une équipe - En plus elle est très gentille et elle a du charme.
Exercice n° 5. *Complétez :* par - les - les - les - par. — *Traduisez :* For dinner you'll have to find a restaurant in the area; the cabaret doesn't serve meals - The dancer on the left is very pretty - The cafés on this avenue stay open very late. — Je ne sors pas tous les soirs mais de temps en temps - Ils commencent à travailler à 9 heures du matin et ils finissent à 6 heures du soir - Je mesure 1,80 m et je pèse 90 kilos - L'Opéra se trouve dans le 9e arrondissement.

UNITÉ 3. PAGES 144, 145. Exercice n° 1. *Complétez :* irai - serons - aurez - viendront - sauront - pourrai. — *Traduisez :* Tomorrow it will be sunny, but it won't be warm - In winter it gets light late and it gets dark early - It is cold today, it's raining and windy: what terrible weather! — Mon patron ressemble à Paul Newman mais il ne me regarde pas. Nathalie a les cheveux bruns.

Exercice n° 2. *Complétez:* l' - la - les - le. — *Traduisez:* I'll give you the keys and you can leave them with the garage attendant - What's the little black button to the right of the steering wheel for? How do the windscreen wipers work? (Do you like this car?) — Cette clé sert à démarrer la voiture - Je voudrais du super s'il vous plaît - Voulez-vous me donner votre passeport s'il vous plaît? — Comment marche le dégivrage? — A quoi sert ce petit bouton rouge?

Exercice n° 3. *Complétez:* comment - quel - qu'est-ce que - combien - à qui - où - quand - pourquoi. — *Traduisez:* I'm calling about some rooms - Would you have a room free on December 3rd? - Will you reserve the VCR for me? Yes, certainly. — Combien coûte le menu?/le menu coûte combien? Le menu est à 200 F/coûte 200 F. - Le salon fait 20 m2 - Il fait combien de long? - Combien coûte la voiture pour trois jours? - Vous pourriez me réserver une table pour 30 personnes? Il n'y a pas de problème.

Exercice n° 4. *Complétez:* des - au - de l' - au - du - la - à - de la. — *Traduisez:* What sort of brochure do you have on the United States? I hope to go away in June - I feel like going to India for my holidays - I'll fly to Delhi. — Cet hôtel est à 10 mn à pied de la plage - J'ai l'intention d'aller faire du ski pendant les vacances de Noël - Je préfèrerais aller au bord de la mer cet été - Il a envie de faire du cheval - Elle sera en vacances le 31 juillet.

Exercice n° 5. *Complétez:* dans - sur - pour - à - avec - derrière. — *Traduisez:* To change money, go to the B.N.P. which is on Avenue de l'Opéra - This machine doesn't give change - Insert your card in the machine but don't forget to withdraw it. — Si le téléphone est en panne, appeler/appelez le 45.51.05.78 - Pour acheter votre billet, allez à l'aéroport - N'introduire/N'introduisez que des pièces de 1 ou 2 F - Pour appeler Paris faire/faites le 16.1 - Pour appeler l'étranger, il faut faire le 19.

UNITÉ 4. PAGES 192, 193. Exercice n° 1. *Complétez:* du - le - un - la - le - une - de l' - du - de la. — *Traduisez:* What do you suggest as a starter? This meat isn't cooked enough - This wine is bad. It tastes like vinegar - Do you like this cheese? Yes, it's delicious. — Comment est-ce que ça se dit « entremet » en anglais? — Qu'est-ce que vous pensez/Pensez-vous de ce dessert? Il est très bon - Est-ce que je peux avoir/puis-je avoir l'addition, s'il vous plaît? — Cette salade est meilleure que la salade du chef - Qu'est-ce qu'il y a dans votre apéritif maison?

Exercice n° 2. *Complétez:* un - d' - les - la - des - de. — *Traduisez:* Could you photocopy these documents for me and make four copies? — Do you want stamps? Yes, please give me ten - Here is some aspirin. Take one three times a day. — J'ai mal à la tête et mal à l'estomac - Je vous dois combien/combien est-ce que je vous dois pour les médicaments? — L'aspirine en poudre est bien mieux que les cachets - Je suis désolé(e) mais nous ne vendons pas de rouge à lèvres.

Exercice n° 3. *Complétez:* c' - elle - c' - il - il - c' - elle. — *Traduisez:* I'm looking for the perfume department - Have you got woollen clothes? This soap smells of orange - Haven't you got anything more elegant? — On dirait vraiment de la laine - Ce manteau coûte 1 500 F - Quelle taille faites-vous? Je fais du 42 - Cette robe me va - Vous devriez faire des courses aujourd'hui, demain les magasins seront fermés - Si c'est trop petit, je peux le/la changer.

Exercice n° 4. *Complétez:* mieux - bien - bonne - meilleur. — *Traduisez:* Don't you want to go to the theatre? I'll take you. Yes, that would be nice - I feel like going to the cinema. Do you want to come? I'm sorry, but I'm not free tonight - Why don't we go to Jean-Baptiste's? — Que diriez-vous d'aller à l'Opéra ce soir et après on pourrait souper sur les Grands Boulevards? Pourquoi pas? — Il a acheté un nouvel ordinateur et il ne l'a pas payé très cher - Elle est allée à l'exposition hier.

Exercice n° 5. *Complétez:* aie - soient - aille - fassiez. — *Traduisez:* The train to Chenonceaux isn't direct. You'll have to change. There's no train tonight. I'll have to sleep in Caen. We're going to buy our tickets at once, if possible. — Il faut que nous réservions les couchettes maintenant - Pour réserver par téléphone, il faut appeler les/téléphoner aux réservations à la gare - Je n'ai pas de chance, je viens de rater mon train - J'aime beaucoup la vallée de la Loire.

TESTEZ VOS CONNAISSANCES — UNITÉS 1, 2, 3, 4

UNITÉ 1. PAGES 50-51 — Exercice n° 1. leur - au - êtes - est - son - sa - japonais - comptable. — **Exercice n° 2.** aux - dans - le 2 - a - chez - directrice - le - en - bien. — **Exercice n° 3.** quatorze - neuf - cent - vingt-et-un - dix-neuf - quatre-vingt-dix-huit - soixante-quinze - quarante-deux. — **Exercice n° 4.** vous - est - aux - le - en, allemande - êtes, chez - a, ans, est - ne, pas. **Exercice n° 5.** C'est français - C'est américain - C'est sénégalais - C'est anglais - C'est espagnol - C'est japonais - C'est allemand - C'est canadien - C'est suisse - C'est mexicain - C'est italien. — **Exercice n° 6.** 1-D; 2-G; 3-F; 4-H; 5-B; 6-I; 7-C; 8-A; 9-J; 10-E. — **Exercice n° 7.** remplissez - réserver - allons - comprends - connais - travaille - suis - ai - m'appelle - habitons - déjeuner.

UNITÉ 2. PAGES 98-99 — Exercice n° 1. à la - au - aux - chez d' - la Grèce - du - au - les États-Unis - en. — **Exercice n° 2.** midi - dix heures et quart - cinq heures moins le quart - deux heures et demie - huit heures vingt - trois heures vingt-cinq - dix heures trente-cinq - quatre heures dix - neuf heures moins vingt - une heure vingt. — **Exercice n° 3.** Allô - C'est de la part de qui? - Je vous le passe - Qui demandez-vous? - Vous vous trompez de poste - Je vous en prie. **Exercice n° 4.** ambitieuse - bel - nouvelles - intéressant - gentilles - bonne - vieilles - dernière. — **Exercice n° 5.** 1-G; 2-F; 3-H; 4-C; 5-D; 6-B; 7-E; 8-A. — **Exercice n° 6.** connaissez - sait - connaissons - savez - sais - connais. — **Exercice n° 7.** vous - s' - se - me - vous - te - nous - se.

UNITÉ 3. PAGES 146-147. Exercice n° 1. la - vous - les - nous - l' - te - le - m' - nous - t'. — **Exercice n° 2.** sera - laissera - aura - prendrons - finiras - feront - viendrez - pourrai - auront. — **Exercice n° 3.** 1-F; 2-H; 3-E; 4-I; 5-A; 6-J; 7-D; 8-G; 9-C; 10-B. — **Exercice n° 4.** très - pas beaucoup/beaucoup - beaucoup/un peu - pas beaucoup/ beaucoup - très - très/pas très - très - beaucoup/très peu - beaucoup/pas beaucoup. — **Exercice n° 5.** ressemble - choisir - faire le plein - volant - indicatif - bruit - permis de conduire - réfléchir - phares - régler. — **Exercice n° 6.** cette - celle - Ces - ceux - ces - celles - celui - Cet - ces - celles - ceux - ce - celui - ceux - cet.

UNITÉ 4. PAGES 194-195. Exercice n° 1. du, le - de l' - de, de l' - des - la, la - de la - les - d' - des, d'. — **Exercice n° 2.** ai - sommes, sommes - a - avez - êtes - as - suis - est, a - est - sont. — **Exercice n° 3.** correspondance - capitale - exposition - châteaux - goûter, vignobles - construire - monuments - célèbre - consigne, visiter - place. — **Exercice n° 4.** lui - l' - y - la - leur - le - y - en - la. — **Exercice n° 5.** partions - preniez - aille - fasse - réservions - visitiez - puissiez - soit - aies. — **Exercice n° 6.** la plus - meilleur - B.N. - bien, mieux - le plus - bien - bons, les plus. — **Exercice n° 7.** réserver - fermer - conseiller - vendre - visiter - jouer - appeler - se coucher - toucher - se promener.

GRAMMAR

A. NOUNS

1. Gender
In French all nouns are either masculine or feminine. This is called gender. The gender is indicated by the article:
masculine: *le* (the) or *un* (a/an) — feminine: *la* (the) or *une* (a/an).
Things: *le vin, la voiture, un congrès, une banque,* etc.
Animals:
For most animals there is a masculine and feminine form of the noun:
le chat → *la chatte - le chien* → *la chienne.*
Professions and nouns referring to people:
Certain professions and nouns referring to people have a masculine and feminine form:
un directeur → *une directrice - un boulanger* → *une. boulangère.* — *un voisin* → *une voisine - un avocat* → *une avocate.*
but: *un professeur*   (masculine and feminine)
un médecin
The feminine form:
- If the noun ends with an « *e* » in the masculine form it remains the same in the feminine form.
masculine: *secrétaire, collègue, comptable*
feminine: *secrétaire, collègue, comptable*
- If the noun does not end in « *e* » the feminine form is obtained by adding an « *e* » to the masculine form:
masculine: *ami, client, Allemand*
feminine: *amie, cliente, Allemande.*

- Certain nouns have an irregular feminine form as follows:

masculine	feminine	rule
un ouvrier	*une ouvrière*	ier → ière
un informaticien	*une informaticienne*	ien → ienne
un paysan	*une paysanne*	an → anne
un vendeur	*une vendeuse*	eur → euse
un directeur	*une directrice*	teur → trice
un veuf	*une veuve*	f → ve
un époux	*une épouse*	x → se
un prince	*une princesse*	ce → cesse

2. Number
Most nouns in the plural form take an *s* which is not pronounced:
une voiture → *des voitures - un hôtel* → *des hôtels*
There are however exceptions:
AL → -AUX: *un journal* → *des journaux.*
AIL → -AUX: *un travail* → *des travaux.*
AU, EAU, EU: → -X: *un jeu* → *des jeux -
un manteau* → *des manteaux.*
- nouns already ending in *s, x,* or *z* do not change:
un congrès → *des congrès.*
N.B.: Do not forget that in French:
When a noun is feminine or plural, the article and the adjective are also in the feminine or plural form:
une jeune fille intelligente, le directeur est occupé des secrétaires charmantes, les nouveaux produits.

B. ARTICLES

In French, unlike English, all nouns are preceded by either an article or a quantifier (except those referring to jobs).
I like wine → *j'aime le vin.*

1. Article défini (the definite article)
In French its form is determined by:
The gender of the noun it precedes.
Whether or not the noun begins with *a vowel* or *a silent* « *h* »
All plural nouns have the same definite article.

singular	plural
le	*les*
la	*les*
l'	*les*

N.B.: A few words in French start with an « *h* » which is not silent:
le haut, le hall, le haricot.

Contractions:		
à + le		*au*
de + le		*du*
à + les		*aux*
de + les		*des*

2. Article défini (the indefinite article)

singular	plural
un	*des*
une	*des*

3. Partitif (the partitive article: some and any)

singular	plural
du	*des*
de la	*des*
de l'	*des*

Du, de la, de l' and *des* are sometimes used where no corresponding word is used in English:
Je vais prendre du lait (I'll have milk)
Je ne prends jamais de thé (I never drink tea)

N.B.: Note the difference between *un veau* (the animal) and *du veau* (a piece of meat), *un gâteau* (a whole one) and *du gâteau* (a piece of).

4. In negative contexts
The indefinite article and the partitive article become *de* or *d'* in the negative form:
Vous avez une voiture? Non, je n'ai pas de voiture.
Elle a des amis? Non, elle n'a pas d'amis.

5. No article with jobs
In French the article is not used, unless an adjective is added:
Je suis ingénieur   Tu es médecin
Je suis un bon ingénieur Tu es un bon médecin

C. ADJECTIVES

In French all adjectives agree in gender and number with the noun they describe:

un pantalon noir, des collants noirs, des cravates noires.

1. Masculine and feminine forms

- If the adjective ends in « e » in the masculine form, the feminine form is the same:

   jeune, sympathique, difficile, riche
- If the adjective ends in a consonant or any vowel other than « e », an « e » is added:

   grand, important, joli, bleu
   grande, importante, jolie, bleue
- There are of course exceptions:

   blanc, gros, ancien, fou, heureux,...
   blanche, grosse, ancienne, folle, heureuse,...
- And:

   masculine: *nouveau, beau, vieux*
   before a vowel
   or silent « h »: *nouvel, bel, vieil*
   feminine: *nouvelle, belle, vieille*

2. Plural forms

- An adjective in the plural form usually ends in « s »:

   des ingénieurs bilingues - des candidates motivées.
- If the adjective ends in « x » in the singular form, it remains unchanged:

   un vieux livre → *de vieux livres.*
- « x » in the plural form:

   beau → *beaux ; nouveau* → *nouveaux*

3. The position of adjectives

- Most adjectives follow the noun:

   un homme élégant, une ville agréable, des yeux bleus.
- Some are always before the noun:

   beau, jeune, vieux, nouveau, bon, mauvais, petit, grand...
- Occasionally some of these adjectives can follow the noun.

Note this particular example:

   un grand homme ≠ *un homme grand*
   (great man) (tall man)
   De Gaulle était un homme grand et un grand homme.
   (De Gaulle was a tall man and a great man.)

4. Possessive adjectives (my, your, his, etc.)

In English the possessive adjective refers to the « possessor » and its form never varies. In French however the possessive adjective is determined by the number and gender of the thing or things possessed:

   mon patron, ma femme, mes enfants
   (my boss) (my wife) (my children)

One possessor

mon **directeur**	*ton/votre* **directeur**	*son* **directeur**
ma **voiture**	*ta/votre* **voiture**	*sa* **voiture**
mes **livres**	*tes/vos* **livres**	*ses* **livres**

- The forms « ton, ta, tes » refer to a single possessor and are used when addressing someone you know well. « Votre, vos » are the polite forms; they can all be translated as « your ». When « your » refers to two or more people you must use « votre, vos »

N.B.: When a singular noun begins with a vowel, you must use « mon, ton, son » even when the noun is feminine:

   mon usine, mon amie, son adresse.

Several possessors

notre **pays**	*votre* **pays**	*leur* **pays**
notre **ville**	*votre* **ville**	*leur* **ville**
nos **amis**	*vos* **amis**	*leurs* **amis**

Expressing possession with « à »
   A qui est ce pull ? Il est à moi.
   A qui est cette voiture ? Elle est à nous.

« *It's mine* » in English translates as « *il/elle est à moi* ».
The same applies to the plural form:
   A qui sont ces stylos ? Ils sont à lui (Michel)

5. Demonstrative adjectives (this, that, these, those)

	singular	plural
masculine		*ce* *ces*
before a vowel or a silent « h »		*cet* *ces*
feminine		*cette* *ces*

Ce, cet, cette can all mean either « this » or « that » interchangeably.

D. PRONOUNS

1. Table

1. (subject)	2. (direct object)	3. (indirect object)	4. (object of a preposition)	
je (I)	*me* (me)	*me* (me)	*moi* (me)	
tu (you)	*te* (you)	*te* (you)	*toi* (you)	*en*
il/elle (he/she)	*le/la* (him/her)	*lui* (him/her)	*lui/elle* (him/her)	
on (one)	*se* (oneself)	*se* (one self)	*soi*	
nous (we)	*nous* (us)	*nous* (us)	*nous* (us)	*y*
vous (you)	*vous* (you)	*vous* (you)	*vous* (you)	
ils/elles (they)	*les* (them)	*leur* (them)	*eux* (them)	

(I) « *Tu* » or « *vous* »:
French has two words corresponding to « you » in English. The familiar form « *tu* » is only singular and is used exclusively with friends, relatives and children. « *Vous* » is both the polite form (to be used with acquaintances, strangers or as a mark of respect) and the plural form. When in doubt use « *vous* ».

(II) « *on* »:
« *on* » is used when referring to people in general ; in this context it can be translated as one, they, people:
   on dit qu'il est riche (people say he's rich)

In spoken French « *on* » often refers to « *nous* »
   Qu'est-ce qu'on fait ce soir ? (What shall we do tonight?)

(III) « *soi* »:
« *soi* » like « *on* » is an indefinite object. It is commonly used after the prepositions « *chez, avec, sur, devant, pour* » etc.
   Il vaut mieux avoir ses papiers sur soi.
   (It is advisable to carry your personal papers on you.)
   Est-il possible de travailler chez soi ?
   (Is it possible to work at home?)

2. Subject pronouns   column 1

J'habite à Boston, On travaille jusqu'à 17 h 30, Vous viendrez demain ?

3. Direct object pronouns   column 2

Direct object pronouns are placed
(I) before the verb:
   Pierre lit *mon journal* ? Oui, il *le* lit
   (Is Pierre reading my newspaper ? Yes, he's reading it)
(II) before the auxiliary in a compound tense:
   Vous avez pris *les billets* ? Oui, je *les* ai pris
   (Did you get the tickets ? Yes, I got them)
(III) before the infinitive:
   Le docteur va *me* voir bientôt ? Oui, il *vous* voir dans 5 minutes
   (Is the doctor going to see me soon ? Yes, he'll see you in 5 minutes)
N.B.: The pronoun « se » is used with the reflexive verbs:
   Elle *s'*appelle Anne-Marie.

4. Indirect object pronouns   column 3

Indirect object pronouns are placed before the verb in the same way as direct object pronouns.
   Il *lui* offre de l'eau de toilette — Vous *nous* avez envoyé un télex — Je vais *leur* téléphoner.

5. Objects of a preposition   column 4

They are used after a preposition such as: *chez, pour, avec, sans, etc.*
Je ne suis pas chez *moi*, je suis chez Alain — Elle travaille pour *eux* depuis cinq ans.
● To emphasize the subject:
   Toi, tu fumes — Ils ne sortent jamais, *eux.*

6. « En »

« *En* » replaces common nouns:
(I) When they are preceded by: *un/une/des*
   Avez-vous *un* stylo ? Oui, j'*en* ai un.
   Il a *une* voiture ? Oui, il *en* a une.
   Tu as *des* cigarettes ? Non, je n'*en* ai pas.
(II) ... *du/de la/de l'*
   Vous voulez *du* sel ? Oui, j'*en* veux bien.
   Il y a *de la* neige en Suède ? Oui il y *en* a.
(III) ... « *de* » after the following quantifiers:
beaucoup de, peu de, trop de.
   Elle a beaucoup *de* charme ? Oui, elle *en* a beaucoup.
   Vous avez trop *de* travail ? Oui, j'*en* ai trop.
(IV) ... « *de* » after verbs such as:
parler de, avoir besoin de, se souvenir de, venir de, etc.
   Elle t'a parlé *de* ce problème ? Oui, elle m'*en* a parlé.
   Vous venez *de* Chine ? Oui, j'*en* viens.

7. « Y »

« *Y* » replaces nouns (except those referring to people) preceded by *à*:
   Il va *à* la banque ? Oui, il *y* va.
   Vous pensez *au* congrès ? Oui, j'*y* pense.
When referring to people, use *de* or *à* with *moi, toi, lui,* etc.
   Vous vous souvenez *de* Sophie ? Oui, je me souviens d'*elle.*
   Tu penses *aux* enfants ? Oui, je pense à *eux.*

8. Position of the pronoun in a sentence

(I) Before the verb:
   Est-ce que vous prenez souvent l'avion ? Oui je *le* prends souvent.
   Vous avez vu le directeur ? Oui, je *l'*ai vu.
   Elle prendra du café ? Oui, elle *en* prendra.
(II) Between two verbs (the second one being in the infinitive form):
   Je vais *lui* téléphoner tout de suite.
   Elle peut *les* appeler à ce numéro.
(III) After the verb:
   Téléphonez-*moi* à 8 heures.
   Prenez-*en* deux par jour.

9. Two pronouns

If there are two pronouns in the sentence the indirect object precedes the direct object except in the third person:
   Je *vous* donne mon *journal* → Je *vous le* donne.
   Je donne mon *journal* à *Pierre* → Je *le lui* donne.
   Il donne ses *dossiers* à la *secrétaire* → Il *les lui* donne.

10. Demonstrative pronouns

	singular		plural	
masculine	celui-ci	celui-là	ceux-ci	ceux-là
feminine	celle-ci	celle-là	celles-ci	celles-là

The demonstrative pronouns *celui, celle, ceux* and *celles* are used primarily to avoid repeating a noun:
   Nous avons deux villas, *celle* de Pointe-à-Pitre est plus chère

The distinction between *celui-ci* and *celui-là* can refer to something more distant:
   Vous prenez quel pull ? → Je vais prendre *celui-ci* (The one close to the speaker)
It is also used to give an alternative:
   Vous prenez quelles chaussures, *celles-ci* ou *celles-là* ? → Je prends plutôt *celles-là.*

11. Possessive pronouns (mine, yours, ours, etc.)

(I) One possessor

singular M	le mien	le tien/le vôtre	le sien
singular F	la mienne	la tienne/la vôtre	la sienne
plural M	les miens	les tiens/les vôtres	les siens
plural F	les miennes	les tiennes/les vôtres ·	les siennes

(II) Several possessors

singular M	le nôtre	le vôtre	le leur
singular F	la nôtre	la vôtre	la leur
plural M et F	les nôtres	les vôtres	les leurs

Monsieur, vous oubliez votre journal ! Oh non, ce n'est pas *le mien.* Voilà vos cigarettes. Ce ne sont pas *les miennes.*
Possessive pronouns agree with the gender (masculine or feminine) and number of the thing « possessed » or owned, and not with the « possessor » as in English.

12. Relative pronouns

Relative pronouns can be used to combine two sentences about the same person or thing so as to avoid repetition.

Qui

(Who, that, which) — *Qui* is used when the subject of the relative clause (the second part of the sentence) is referred to:

J'ai un ami. Il est ingénieur → J'ai un ami *qui* est ingénieur.
I've got a friend. He is an engineer → I've got a friend who is an engineer.

Que

(Whom, that, which) — *Que* is used when the object of the relative clause is referred to — Unlike « that » « which » or « whom » in English, « *que* » cannot be omitted.

Je vais vous montrer une photo. J'aime beaucoup cette photo → Je vais vous montrer une photo *que* j'aime beaucoup.
I'll show you a photo that I like very much.

Dont

(Whose, of which, whom, about which/whom)
« *De* » followed by « *que* » becomes « *dont* »

It's never placed at the end of a sentence:

C'est l'hôtel *dont* je vous parlais.

« *Dont* » can also be translated as « whose » in contexts of possession and family relationships.

C'est la femme *dont* le mari est américain.
She is the woman whose husband is American.

N.B. Verbs like « *se souvenir de, avoir besoin de, venir de, se servir de* » etc., are always followed by de, and therefore dont corresponds to « that » in English:

C'est une ville *dont* je me souviens très bien.
It is a city (that) I remember very well.
Vous trouverez le dossier *dont* vous avez besoin dans le tiroir.
You'll find the file (that) you need in the drawer.

Où

« *Où* » like « where » is both an interrogative and relative pronoun.
C'est la maison *où* Léonardo da Vinci est mort.
It's the house where Leonardo da Vinci died.

E. EXPRESSIONS OF...

---

1. Quantity

Expressions of quantity are placed before the noun: *tout, un peu, beaucoup*, etc.

I. *Tout* (every, all, the whole)

	singular	plural
masculine	tout	tous
feminine	toute	toutes

— In the singular form « *tout/toute* » can be translated as « the whole »

Tout l'immeuble donne sur le parc (the whole building)
Toute ma famille habite en banlieue (my whole family)

— In the plural form « *tous/toutes* » can be translated as « all », « each » or « every »

Tous les immeubles donnent sur le parc (all the buildings)

II. *Pas de, aucun(e)* (no, none, not any)
The above expressions are similar in meaning, but « *aucun(e)* » is much stronger:

Il n'y a *pas* d'avions pour Rome aujourd'hui
(There are no flights to Rome today)
Il n'y aura *aucun* vol cette semaine
(There will be no flights at all this week)

III. *Peu, assez, beaucoup, trop* + *de/d'*
(little/few, enough, a lot, too much/many)

singular	plural
Il y a *peu* de travail	Il y a *peu* de taxis
Il y a *assez* de vin	Il y a *assez* de biscuits
Il y a *beaucoup* de neige	Il a *beaucoup* d'amis
J'ai *trop* de moutarde	Elle a *trop* de problèmes

N.B.: Don't forget that the definite article is omitted after these expressions

IV. *Quelques, plusieurs* + plural (some, several)
Un peu de/d' + singular (a little, a few)
Il y a *quelques* chambres à côté de la piscine — Le candidat parle *plusieurs* langues — Je voudrais *un peu de* sucre.

V. Expressions of quantity and measures
Expressions of quantity and measures are usually followed by de/d':
un litre *de* vin, une carafe *d'*eau, un verre *de* bière.

2. Degree

Très, trop, peu, beaucoup
All these words express the idea of degree but they do not always function in the same way.

I. + **adjective**: *très, trop, peu* (very, too, not very)
Ma collaboratrice est *très* sympathique — C'est *trop* cher — Il est *peu* agréable.

II. + **adverb**: *très, trop* (very, too)
On mange *très* bien ici — Il marche *trop* lentement.

III. + **verb**: *trop, peu, beaucoup* (too much, not very much, a lot)
Mon patron travaille *trop* — Il ne lit pas *beaucoup* dans la journée — Son adjoint voyage *peu* — Elle a *beaucoup* parlé.

3. Place

1. Position:

Devant, derrière, sur, sous, dans, entre, **etc.**

L'hôtel est *sur* la plage — Le café est situé *entre* la pharmacie et la poste.

A côté de, près de, loin de, en face de, à 4 km de, au sud de, à proximité de, **etc.**

La villa est *près de* la piscine — La maison est *à l'est* du village.

2. Places:

Verbs + *à (être à, aller à, arriver à,* **etc.**)

● Countries: *en, au, aux*

à + a masculine country ⟶ *au*
à + a feminine country ⟶ *en*
à + a « plural » country ⟶ *aux*

All countries which end in « *e* » are feminine. The others are masculine:
La France: je suis *en* France — L'Angleterre: il travaille *en* Angleterre — Le Canada: il habite *au* Canada — Les États-Unis: ils sont *aux* États-Unis.

Exceptions: L'URSS — is feminine — *en* U.R.S.S.
Le Mexique, le Cambodge, le Zaïre, le Zimbabwe, le Mozambique are masculine:
Elle habite *au* Mexique.

N.B.: When a masculine country starts with a vowel « *en* » is used instead of « *au* » (for pronunciation)
en Israël — *en* Iran — *en* Afghanistan.

● City or town: *à*
L'usine est *à* Stuttgart — Mon hôtel est *à* Fontainebleau
N.B.: When the town starts with « *le* », « *à* » becomes « *au* »:
Il habite *au* Havre (Le Havre) — Il est né *au* Puy (Le Puy)

● Names of people and companies: *chez*
Je travaille *chez* IBM — Il est *chez* Danone — Nous irons *chez* Pierre.

Verbs + *de (venir de, sortir de, arriver de...)*
● Countries *du, de, des*
de + a masculine country ⟶ *du*
de + a feminine country ⟶ *de*
de + a « plural » country ⟶ *des*
Je viens *du* Japon — J'arrive *d'*Espagne — Il revient *des* Pays-Bas — Vous venez *de* Tahiti?

● City or town: *de*
Je viens *de* Lyon — Vous arrivez *de* Strasbourg?
N.B.: When the town starts with « *le* », « *de* » becomes « *du* »:
Le bateau est sorti *du* Havre à 15 h 30
(The boat left Le Havre at 3.30 p.m.)

3. Short distances: To express the distance to another place in terms of how long it takes to get there, « *à* » is used with slower means of transport (*à cheval, à pied, à vélo*) and « *en* » with faster or public means (*en voiture, en train, en métro, en bus, en avion, en bateau*):
C'est *à* 5 mn *à* pied — Mon bureau est à 10 mn *en* métro.

4. Time

I. Telling the time
Il est une heure – Il est deux heures – Il est trois heures.

II. The days in relation to today

avant-hier	the day before yesterday
hier	yesterday
aujourd'hui	today
demain	tomorrow
après-demain	the day after tomorrow

III. Asking for and giving the date

Quelle est la date aujourd'hui?	*Nous sommes*	*jeudi 8 mai*
Quel jour sommes-nous?	*On est*	*le 8 mai*
On est le combien?	*le 20 octobre*	
Le congrès est à Paris	*lundi 20 octobre*	
heure	*à 8 h 30, à midi*	
jour	*jeudi, vendredi, le 8 mars, le 1er janvier*	
mois	*en avril, en juin, au mois d'août*	
saison	*en été, en automne, au printemps*	
année	*en 1990, en 1840*	
siècle	*au 20e siècle, au 15e siècle*	

IV. The week, month, year in relation to now
la semaine dernière ⟵ *cette semaine* ⟶ *la semaine prochaine*
le mois dernier ⟵ *ce mois-ci* ⟶ *le mois prochain*
l'année dernière ⟵ *cette année* ⟶ *l'année prochaine*

V. Expressions
Il y a: corresponds to « ago » in English
Il a travaillé à Paris *il y a* quinze ans — Elle est partie *il y a* dix minutes

Depuis: is used for periods of time which started in the past and continue into the present. It can usually be translated as « since » or « for ».
Il vous attend *depuis* une heure
(He has been waiting for you for an hour)

N.B.: « *depuis* » is usually used with the present tense.
Je suis à Bordeaux *depuis* le 4 février
(I have been in Bordeaux since February 4th)

Pendant: can be translated as « for » to express the duration of an action.
Il a voyagé *pendant* huit jours

or as « during » to place the action in a time context:
Pendant mes vacances, j'ai rencontré un collègue.

Dans: is used to say when a future action is going to take place:
Elle visitera Tours *dans* 15 jours — L'avion va partir *dans* 10 minutes.

F. ADVERBS

1. In general
Most French adverbs are formed by taking the feminine form of the adjective and adding « ment » at the end — Remember not to pronounce the final « t ».

facile	facilement
visible	visiblement
lent	lentement

When the adjective ends in « ent » or « ant » the adverb is irregular:

courant	couramment
évident	évidemment

N.B.: « vite » is not an adjective but an adverb

2. Frequency adverbs
As in English, there are certain adverbs conveying frenquency that are not derived from adjectives

toujours,	souvent,	quelquefois/parfois,	(ne) jamais
(always)	(often)	(sometimes)	(never)

3. « Bien » and « mal »
« Bien » is the French equivalent of « well » in English and « mal » is the equivalent of « badly »
Il conduit bien (he drives well) — Il conduit mal (he drives badly).

4. « C'est bien » or « c'est bon »
When referring to food and drink you must use « c'est bon ». For all other things you say « c'est bien » :
Vous aimez la mousse au chocolat ? Oui, c'est bon — La télévision en France, c'est bien ?

N.B.	adjectives	adverbs
	bon	bien
	mauvais	mal
	meilleur	mieux
	pire	plus mal

5. Quantifiers used as adverbs
Beaucoup, assez, trop peu
Il fume beacoup (he smokes very much) — Elle mange trop (she eats too much) — Je dors assez (I sleep enough) — Elle travaille peu (she works very little).

6. The position of adverbs in the sentence
Il arrive toujours en retard (he always comes late) — Elle va souvent au cinéma (she often goes to the cinema).
Il a bien dormi (he slept well) — Elle a beaucoup voyagé (she has travelled very much) — Je n'ai pas bien dormi (I didn't sleep well).
Il parle bien anglais (he speaks English well) — Il joue mal au tennis (he plays tennis badly).

G. COMPARATIVE FORMS

1. Comparative with « plus/moins... que » (more/less... than)
In French as in English the comparative is formed with
« plus » + adjective ... « que »
« moins» + adjective ... « que »
Il est plus dynamique que sa femme
Son pull est moins doux que celui-là

Some adjectives have an irregular comparative form:

bon	meilleur
mauvais	plus mauvais or pire

Ce Bordeaux est meilleur que ce Bourgogne
Son anglais est pire que le mien

2. Comparative with « aussi... que »
Votre eau de toilette est aussi légère que celle de Sophie
Ce Beaujolais est aussi bon que le Côte du Rhône

3. Comparative followed by a noun
« plus, moins » is followed by « de/d' »
« aussi » becomes « autant de/d' »
J'ai moins de clients que vous
Il aura autant de jouets que son frère

4. The superlative form
The superlative is formed with
le (la, les) plus + adjective/adverb
or le (la, les) moins + adjective/ adverb:
C'est le vendeur le plus dynamique
J'ai dîné dans le restaurant le moins cher du quartier
The forms which are irregular in the comparative are also irregular in the superlative:

bon	le meilleur
mauvais	le plus mauvais or le pire
bien	le mieux

Voilà notre meilleur Bordeaux
Ce sont les meubles les mieux adaptés

H. NEGATIVE FORMS

1. Ne ... pas
It is always made up of two elements NE + PAS
or N' before a vowel or a silent h
They generally are separated (from each other) by the verb :
Vous ne viendrez pas nous voir — Je n'ai pas d'argent — Elle n'habite pas à Paris.
or by the auxiliary:
Il n'a pas téléphoné — Ils ne sont pas arrivés à l'heure.
In the infinitive form they come before the verb :
ne pas se pencher au dehors — ne pas dépasser 45 km/h.

2. Ne ... plus (négative + anymore/any longer)
It indicates that   a) there isn't anymore left
                    b) a particular situation no longer holds
a) Il n'y a plus de sucre — Nous n'avons plus de journaux.
b) Je ne fais plus de ski — Nous n'avons plus de maison à la campagne

3. Ne ... que (only)
Ne ... que is used to restrict an action or a fact :
Je ne fume qu'une cigarette par jour — Vous n'avez que trente ans !

N.B.: In spoken French « ne » is usually contracted in such a way as to be barely audible or dropped altogether.

I. QUESTIONS

There are three ways of asking questions in French.

1. Questions with « yes » or « no » answers
(I) The most common question form is the statement with rising intonation:
Vous habitez au Canada — Vous habitez au Canada ?
Elle s'appelle Françoise — Elle s'appelle Françoise ?
Tu vas bien — Tu vas bien ?

(II) Another common question form is the statement preceded by:
est-ce que/est-ce qu' (before a vowel).
Est-ce que vous parlez anglais ? — Est-ce qu' il vient demain ?

(III) Despite everything you were told at a school, the least common question form is to change the word order (*inversion*):
Prendrez-vous le train demain ? - Êtes-vous fatigué ?
However, in very formal speech and in written French this form is frequently used — Inversion is also normal for polite requests (*pouvez-vous...*), asking permission (*puis-je...*) and for invitations or other requests (*voulez-vous vraiment... ?*)

2. Questions starting with pronouns
As « yes » or « no » questions, those requiring more detailed information can also be asked in three different ways:
Qui est-ce qui } Asking questions about people
Qui est-ce que }
Qui est-ce qui n'a pas son billet d'avion ?
Qui est-ce que vous avez invité ? Qui avez-vous invité ?

Qu'est-ce qui } Asking questions about things
Qu'est-ce que }
Qu'est-ce qui se passe ?
Qu'est-ce que vous voulez ? Que voulez-vous ?

● If the question refers to the subject of the sentence « *qui* » is used. If it refers to the object, « *que* » is used.

Quel (quelle, quels, quelles)
« *Quel* » usually corresponds to « which » in English and is used to specify a particular person, place or thing. « *Quel* » always agrees with the gender and number of the noun it refers to:
Quel pull voulez-vous ?
Quelle est sa profession ?
A quelle heure est-ce que tu te lèves ?

Où, quand, comment, pourquoi, combien
Where, when, how, why, how many/much
Pourquoi est-ce qu'il est parti ? — Où allez-vous ?

N.B.: In spoken French the interrogative pronoun can be placed at the end of the question, giving it a more conversational tone
Quel train prenez-vous ? ⟶ *Vous prenez quel train ?*
Quand est-ce qu'il part ? ⟶ *Il part quand ?*

3. Answers
● With a « yes » or « no » question you must answer with « *si* » when giving a positive answer to a negative question:
Vous fumez ? ⟶ *oui. Vous ne fumez pas ?* ⟶ *si je fume.*
Vous n'avez pas d'enfants ? ⟶ *si j'en ai cinq.*

● When agreeing with someone the answer can also be « *aussi* » when the question is positive:
J'adore le cinéma ⟶ *moi aussi* (so do I)
Il joue au tennis ⟶ *elle aussi* (so does she)

● *Non plus* : when the question is negative:
Il n'aime pas le ski ⟶ *elle non plus* (neither does she)

J. VERBS

French has both regular and irregular verbs, the vast majority being regular. French verbs divide conveniently into three groups:
those with the infinitive ending in ER — those with the infinitive ending in IR — those with the infinitive ending in RE, OIR, IR
The most commonly used irregular verbs are « *être* », « *avoir* », « *faire* » and « *aller* ».

ÊTRE (to be)			AVOIR (to have)			FAIRE (to do/to make)			ALLER (to go)		
sujet	verbe		sujet	verbe		sujet	verbe		sujet	verbe	
	affirmatif	négatif		affirmatif	négatif		affirmatif	négatif		affirmatif	négatif
je	suis	ne suis pas	j'	ai	n'ai pas	je	fais	ne fais pas	je	vais	ne vais pas
tu	es	n'es pas	tu	as	n'as pas	tu	fais	ne fais pas	tu	vas	ne vas pas
il			il			il					
elle	est	n'est pas	elle	a	n'a pas	elle	fait	ne fait pas	elle	va	ne va pas
on			on			on					
nous	sommes	ne sommes pas	nous	avons	n'avons pas	nous	faisons	ne faisons pas	nous	allons	n'allons pas
vous	êtes	n'êtes pas	vous	avez	n'avez pas	vous	faites	ne faites pas	vous	allez	n'allez pas
ils	sont	ne sont pas	ils	ont	n'ont pas	ils	font	ne font pas	ils	vont	ne vont pas
elles			elles			elles			elles		

Ne before a vowel becomes *N'*: *Je* before a vowel becomes *J'*.

TRAVAILLER (to work)			**FINIR (to finish)**			**VENDRE (to sell)**		
is a typical verb ending in -er			is a typical -ir verb			is a typical -re verb		
je	travaille	ne travaille pas	je	finis	ne finis pas	je	vends	ne vends pas
tu	travailles	ne travailles pas	tu	finis	ne finis pas	tu	vends	ne vends pas
il			il			il		
elle	travaille	ne travaille pas	elle	finit	ne finit pas	elle	vend	ne vend pas
on			on			on		
nous	travaillons	ne travaillons pas	nous	finissons	ne finissons pas	nous	vendons	ne vendons pas
vous	travaillez	ne travaillez pas	vous	finissez	ne finissez pas	vous	vendez	ne vendez pas
ils			ils			ils		
elles	travaillent	ne travaillent pas	elles	finissent	ne finissent pas	elles	vendent	ne vendent pas

Reflexive verbs
Reflexive verbs are those which denote actions people do to themselves: deliberately, such as shaving and washing, or, accidentally such as cutting oneself.

Reflexive verbs are more common in French then in English and whereas the reflexive pronoun is often omitted in English (I washed and dressed) it cannot be omitted in French (je me suis lavé et habillé).

A second point to remember is that many actions expressed reflexively in French are not considered reflexive in English. Some examples are:

se lever — to get up
se passer — to happen
se rappeler — to remember
se souvenir

→ Notice that the reflexive pronoun of the infinitive (se) is only used for the third person singular and plural (il, elle, on, ils, elles). It changes for the other persons:

je *me* lève   nous *nous* levons
tu *te* lèves   vous *vous* levez
il   ils
elle } *se* lève   elles } *se* lèvent
on

K. TENSES

L'IMPÉRATIF
The imperative form expresses an order, advice or a direction:
1) *Introduisez 1 franc dans la machine*
   Pour obtenir Paris, faites le 16.1 — Allumez vos phares! Dépêchez-vous!
2) The negative form is used as follows:
   Ne partez pas demain — Ne fumez pas dans cette pièce.
3) When a pronoun is used, it is placed after the imperative when it is affirmative, before when it is negative:
   Mettez-la - Ne la mettez pas.
   Téléphonez-lui - Ne lui téléphonez pas.
   Prends-en - N'en prends pas.
4) The form ending in -*ons* corresponds to « let's ». It is used for making suggestions or invitations:
   Allons dîner au restaurant - Restons encore une heure.
   N.B.: In recipes, directions or instructions the infinitive form can replace the imperative:
   Faire cuire 30 minutes - Ne pas se pencher.
5) Reflexive verbs
   Tu te lèves → *lève-toi - Nous nous couchons à 8 h 00* → *couchons-nous à 8 h 00 - vous vous asseyez* → *asseyez-vous*

L'INFINITIF
1. Verbs followed by the infinitive form
A number of verbs frequently used in French are directly followed by an infinitive; there is no preposition between them:
• *pouvoir, devoir, vouloir, savoir, aimer, penser, croire, falloir...*
Ex.: *Je peux ouvrir la porte?* — *Elle pense aller en Grèce* — *Nous aimons vivre au Canada* — *Je sais nager.*

N.B.: When reflexive verbs are in the infinitive form, the reflexive pronoun nonetheless agrees with the subject:
se lever → *je vais me lever*
s'en aller → *nous pensons nous en aller à midi*
se coucher → *vous pouvez vous coucher*
se dépêcher → *tu veux te dépêcher*

2. Verbs followed by « *à* » or « *de* » + the infinitive form
commencer à, penser à, servir à, apprendre à
Ce bouton sert à ouvrir le capot — *Il commence à faire froid.*
finir de, décider de, oublier de, s'arrêter de...
Il a fini de travailler
Il s'est arrêté de fumer à 40 ans.

LE PRÉSENT
The present tense is used:
• to describe an action occurring in the present:
   Qu'est-ce qu'il fait? Il écrit une lettre
• to describe a present fact:
   Son usine est à Lisbonne
• to describe a general state of affairs:
   On travaille pour gagner de l'argent
This form of the present tense also corresponds to the English present continuous tense: it is raining = il pleut
The form « *être en train de* » + *infinitive* can be used to describe something happening at the moment, but is less commonly used than the present continuous in English:
   Elle est en train de parler aux clients
   (She is talking to customers)
The present tense can also be used to describe future actions which will happen very soon:
   Elle vous téléphone dans cinq minutes - On arrive dans une heure.

LE FUTUR

1. The future tense:

Je prendrai des vacances dans deux ans - Demain, il pleuvra sur toute la France.

Je travaillerai — Tu travailleras — Il travaillera — Nous travaillerons — Vous travaillerez — Ils travailleront

It is not difficult to form the future:

take the infinitive form of any verb, except those ending in « e », and add the future endings. The same is done to verbs ending in « e », except that the « e » is dropped first:

boire ⟶ *je boirai* — prendre ⟶ *il prendra*

There are a few important exceptions:

être	⟶ *je serai*	savoir	⟶ *je saurai*
avoir	⟶ *j'aurai*	devoir	⟶ *je devrai*
aller	⟶ *j'irai*	vouloir	⟶ *je voudrai*
venir	⟶ *je viendrai*	pouvoir	⟶ *je pourrai*
voir	⟶ *je verrai*	pleuvoir	⟶ *il pleuvra*
envoyer	⟶ *j'enverrai*	falloir	⟶ *il faudra*

2. « *Aller + infinitive* » is used to express:

- what is intended

  Je vais acheter de l'aspirine
  Elle va faire un stage à la B.N.P.

- what is predictable

  Il croit que vous allez être en retard
  Elle ne va pas se marier

- what will happen but not necessarily in the near future

  Il va faire très froid en Suède cet hiver

LE PASSÉ

Le passé composé

Structure: The passé composé is formed with an auxiliary (usually avoir) and a past participle:

J'ai acheté une voiture - Avez-vous pris l'avion ?

« être », not « avoir » is used as the auxiliary with certain verbs. These verbs are usually either reflexive or sometimes intransitive (verbs with no direct object).

a) The reflexive verbs:

se lever : *elle s'est levée à 8 heures*
s'occuper : *je me suis occupée de votre dossier*

b) Intransitive verb:

aller / venir / revenir / devenir
entrer / sortir - arriver / partir - monter / descendre - rester - tomber - retourner

Elle est née le 4 mai 1930
Ils sont restés chez nous jusqu'à minuit
Elles sont retournées en Grèce cet été

donner	aller
j'ai donné	je suis allé
tu as donné	tu es allé(e)
il a donné	il est allé
elle	elle est allée
nous avons donné	nous sommes allé(e)s
vous avez donné	vous êtes allé(e)s
ils ont donné	ils sont allés
elles	elles sont allées

The passé composé expresses completed past events or actions:

Hier, je suis allé(e) au cinéma et j'ai rencontré Pierre
La semaine dernière, nous avons joué au tennis

It is also used when past actions explain a present situation:

Je suis en retard : j'ai eu du mal à trouver un taxi
Elle parle bien allemand : elle a travaillé 4 ans ans à Stuttgart

N.B.: The past participle with « être » is:

- feminine if the subject is feminine: *Elle est partie à 6 heures*
- plural if the subject is plural: *Nous sommes retournés aux États-Unis*

But: *Vous êtes allé* when you address one person using the polite form.

L'imparfait

The imperfect is used to describe a past state, an unfinished past action, or a scene in the past:

Je dormais quand on a sonné à la porte
Il faisait nuit, j'avais froid et je n'avais rien à manger

or a repeated past action:

Tous les jours, il jouait du piano
Il finissait de travailler vers 19 heures

Le passé récent

The verb « venir de » + infinitive expresses an action which has just happened:

Je viens d'arriver (I've just arrived)
Nous venons de dîner (We've just had dinner)
Il vient de sortir (He has just gone out)

LE CONDITIONNEL

Some conditional forms for polite requests are worth remembering:

Je voudrais (I would like)
Pourriez-vous (Could you)

Ex.: *Je voudrais un carnet de timbres - Pourriez-vous m'envoyer une brochure s'il vous plaît ?*

LE SUBJONCTIF

Do not be overawed by this imposing grammatical form. Certain expressions followed by the subjunctive are common in everyday spoken French. In this book we have only seen one of the most frequent: « Il faut que »

Il faut que vous téléphoniez à Monsieur Bertrand - Il faut que vous soyez à l'aéroport à 15 h 00 - Il faut que j'aille au Brésil

This expression is very often used in the spoken language, even more than « devoir + infinitive ». « Il faut » is followed by the infinitive if the obligation is of a general nature or if the person under obligation is understood:

Il faut parler anglais pour ce poste
Demain il faut se lever tôt

Subjunctive forms are also used in some polite requests:

Two of them are: *J'aimerais que - je voudrais que*

J'aimerais que vous me cherchiez à la gare

Structure: boire ⟶ ils boivent (present tense)

que je boive (subjonctif)

There are some exceptions:

avoir	⟶ *que j'aie*	pouvoir	⟶ *que je puisse*
être	⟶ *que j'aille*	vouloir	⟶ *que je veuille*
aller	⟶ *que je sois*	savoir	⟶ *que je sache*
faire	⟶ *que je fasse*		

LE PASSIF

The passive form in the present tense is often used in written French to describe things.

Structure: être + past participle

Des édifices sont bâtis au 8e siècle
L'abbaye est fortifiée au 12e siècle